KB267992

종잣돈,
일발 장전

종잣돈, 일발 장전

초판 1쇄 인쇄 2014년 01월 24일
초판 1쇄 발행 2014년 02월 03일

지은이   신 철 호
펴낸이   손 형 국
펴낸곳   (주)북랩
출판등록   2004. 12. 1(제2012-000051호)
주소   서울시 금천구 가산디지털 1로 168,
          우림라이온스밸리 B동 B113, 114호
홈페이지   www.book.co.kr
전화번호   (02)2026-5777
팩스   (02)2026-5747

ISBN   979-11-5585-120-3   13320(종이책)
          979-11-5585-121-0   15320(전자책)

이 도서의 국립중앙도서관 출판시도서목록(CIP)은 서지정보유통지원시스템 홈페이지(http://seoji.nl.go.kr)와 국가자료공동목록시스템(http://www.nl.go.kr/kolisnet)에서 이용하실 수 있습니다.
(CIP제어번호 : 2014002490)

종잣돈, 일발 장전

신철호 지음

book Lab

방위사업청 계약관리본부장
이재익
(초대 국군재정관리단장)

군인은 사회와 격리되어 생활하다 보니 세상물정에 어두울 수밖에 없고 리더십과 명예를 강조하는 조직 특성상 부에 관심을 갖는 것을 터부시 해왔다. 하지만 소득을 계획적으로 잘 관리하여 안정적인 경제적 기반을 조기에 갖추는 것은 군 생활을 성공적으로 하는 중요한 요건 중의 하나이다.

인생살이 매사가 그러하듯 무엇이든 초기에 잘 계획하고 단계적으로 대처해나가는 것이 중요한데, 일부 군의 초급간부들이 무계획적 과소비로 인한 부채 문제와 고수익의 유혹에 쉽게 현혹되어 사기를 당하는 등 사례가 끊이지 않는 것이 현실이다. 시중에는 훌륭한 재테크 서적들이 많이 있다. 하지만 일반사회를 기준으로 현직에 있는 직업군인이 접하기엔 다소 거리감이 있고 공감하기 어려운 부분들이 많았다.

그러나 군의 경제/금융 분야 업무를 담당하는 현역 재정장교가 쓴 『종잣돈 일발 장전』은 현장에서 쌓은 노하우가 잘 녹아들어 있어 일반 군인들에게 매우 좋은 참고도서가 되리라 확신한다.

특히, 군의 선배로서 후배들에게 해주고 싶은 스토리텔링을 이용한 기법이 좋아 단순한 재테크의 의미를 넘어 군인정신을 고양하는 교양서적으로서의 가치도 크다.

많은 초급간부들이 이 책을 읽고 건전한 경제/금융 상식을 갖춤으로써 나름대로의 재무설계 능력을 갖출 수 있기를 바라며, 이를 토대로 국토방위의 신성한 임무를 성공적으로 수행해 주기를 희망한다.

작가 신 소령은 본인이 국군재정관리단장 시 계약업무 실무자로서 탁월한 능력과 성실성 그리고 충성심으로 타의 모범이 되는 멋진 장교였다. 역시 하나를 잘하는 사람은 다른 것도 잘한다는 말대로 이렇게 좋은 책을 발간한데 대해 진심으로 축하와 격려를 보낸다.

연세대학교 행정대학원 공공정책학 주임교수
이은국

급변하는 시대에 정보의 중요성은 아무리 강조해도 지나치지 않다. 우리가 살아가는 동안 겪는 많은 갈등과 어려움들이 금전적인 것과 직·간접적으로 연관되어 있음을 생각할 때, 경제·금융에 대한 인식과 정보의 부족은 경제적 빈곤을 넘어 행복하지 못한 삶을 초래할 수도 있다.

국방과 경제는 매우 밀접한 관련이 있다. 튼튼한 안보를 기반으로 대한민국의 경제는 활력을 가질 수 있고, 경제력을 바탕으로 국방력을 키울 수 있는 것이다. 이러한 상생의 관계는 군인 개개인에도 마찬가지로 적용된다. 군복무를 열심히 해야 높은 급여를 받을 수 있고, 재정적 안정이 있어야 군복무에 전념할 수 있는 것이다. 개개인의 성실한 군복무는 국방의 핵심이다.

전후방 각지에서 국토방위 임무를 수행하는 직업의 특성상 군인들은 격오지 근무가 많다. 또한 잦은 이사와 고된 훈련은 경제·금융에 대해 많은 관심을 기울일 수 없게 한다. 개인의 경제적 불안정은 복무 집중도를 떨어뜨릴 수 있다는 점을 고려할 때, 직업군인들에게 올바른 경제생활에 대한 정보를 제공하는 것은 국방을 위해 매우 필요한 것이다.

군인을 위한 경제생활 안내서는 대상을 고려했을 때 직업의 특수성을 고려하여 맞춤식으로 제작되어야 하며, 안정적 자산관리에 초점을 맞추어야 한다. 본 서적은 이러한 필요를 충족시킬 수 있는 책이라 생각한다.

이 책을 통해 모든 직업군인들이 경제·금융에 대한 건전한 인식과 안정적 자산관리로 풍요로운 생활을 하길 바라며, 이를 통해 신성한 국방의 임무에 전념할 수 있기를 바란다.

"군 생활 평생해도 서울에서 집 한 채 사기 힘들다"라고 말씀하시는 분들을 자주 본다. 그동안 월급 오르는 속도에 비해 집값이 상대적으로 너무 많이 오른 탓이 클 것이다. 물론 지금은 집값이 하향 곡선이긴 하지만 여전히 비싸긴 매한가지다. 엎친 데 덮친 격으로 집값이 더 떨어질 것을 우려하는 심리가 전세가 폭등으로 이어지고 있으니, 이제 "군 생활 평생해도 서울에서 전셋집도 얻기 힘들다"라는 말로 바뀌어야 하는 거 아닌가 하는 생각도 든다.

하지만 정말 군인 월급 착실히 모아서는 서울에서 집 한 채 못 산다는 말이 사실일까?

내 생각은 좀 다르다. 군인 급여의 수준을 고려했을 때 알뜰하게 모으고 슬기롭게 관리한다면 10억 모을 수 있다고 확신한다. 10억이면 서울에서 집 장만하고도 남는다. 난 이 책에서 그러한 방법과 절차를 설명하였다.

내게 재테크를 상담하기 위해 오는 많은 분들이 제일 많이 하는 말은, "어떻게 하면 돈을 모을 수 있나?"와 "수익률 엄청 높은 상품이 뭐냐?"로 압축된다. 첫 번째 질문에 대해서는 "허리띠부터 졸라매세요" 그리고 두 번째 질문에 대해서는 "그런 거 있으면 제가 먼저 하지요"라고 말해 드리고 싶다. 물론 실제로 그렇게 얘기하지는 않는다.

군인은 참으로 명예로운 직업이다. 세상에 그 어떤 직업이 자신의 생명을 담보로 한단 말인가, 그것도 국가를 위해. 가면 죽는다는 것을 알지만 명령이 있으면 가야하지 않은가, 멋지게!

하지만 명예로운 만큼 어려움도 따른다. 잦은 이사로 인한 생활의 안정성 부족, 격오지 생활로 인한 문화생활 제한과 각종 정보에서의 소외, 거기에 사회와 동떨어진 업무로 인한 재취업의 어려움 등 악조건은 이루 말할 수 없이 많다.

이런 어려움들이 현역 군인들의 경제적 안정을 위협하는 요인이 되기도 한다. 군인을 대상으로 한 금융사기는 어제오늘의 얘기도 아니다. 하지만 최근의 양상은 과거와는 조금 다르다.

과거에는 제대 후 퇴직금을 사기당해 낭패를 본 예비역들의 사연이 많았다면, 요즘은 초급간부들이 사회적으로 몰아친 투기열풍에 편승하였다가 크게 손실을 보거나, 고수익을 미끼로 한 금융사기에 피해를 입는 경우가 많다.

돈을 모으고 싶은 열망이 강한 신세대의 특성과 경제에 대한 지식은 상대적으로 부족한 군인의 특성이 절묘하게 맞아 떨어져서 나오는 결과가 아닌가 하는 생각이 든다. 2008년 세상을 떠들썩하게 했던 현역 중위의 400억대 사기 사건은 600여 명의 피해자를 야기했었다. 이 사건은 초급간부들이 고수익을 안겨준다는 감언이설에 얼마나 쉽게 빠져들 수 있는지를 단적으로 설명해 준다.

내가 이 책을 통해 초급간부들에게 얘기하고 싶은 사항은 다음의 세 가지다.

첫 번째, 세상에 공짜는 없다. 높은 수익에는 그만큼 높은 위험이 도사리고 있다. 그것이 투자 상품이건 사기이건 모두 같다. 또한 돈을 모으고 싶다면 누가 얘기해 주길 기다리지 말고 스스로 관련 지식과 안목을 높이기 위해 노력해야 한다. 돈을 모으기 위해 허리띠를 졸라 매야하는 것은 기본이고.

두 번째, 군 생활 열심히 하는 게 최고의 재테크다. 열심히 일해서 상위 계급으로 진급하면, 그것도 남들보다 일찍 진급을 한다면 급여도 오르고 복무기간도 연장이 되니 그야말로 최고의 재테크다. 이러한 과정을 통해서 얻는 보람과 긍지는 덤으로 얻는 것이고. 부디 돈을 조금 더 벌어 보겠다고 한 눈 팔지 말고, 국가가 부여한 본연의 임무에 충실해 주기 바란다.

세 번째, 삶의 목표와 계획을 만들어라. 인생 계획을 세우고 살아간 3%만이 크게 성공을 거두었다는 하버드 대학의 연구결과가 있다. 하루하루 과업에 바쁘겠지만, 내가 이루고픈 목표와 실행계획을 구체적으로 세워보길 바란다.

　이 책은 초급간부들의 건전한 경제생활 안내에 목적을 두고 작성되었으며, 살아가는 동안 필요한 재무지식을 초급간부들이 쉽게 이해할 수 있도록 작성하였다. 한 권의 책에 모두 담지 못한 자료는 관련 인터넷 사이트와 참고 도서를 기록해 놨으니 참고해 주기 바란다.

　끝으로 내 부족한 금융지식을 감수해 주고 조언을 아끼지 않아 주신 금융감독원 관계자분들께 감사의 말씀을 전하고, 책 출판을 망설이는 내게 용기와 응원을 아끼지 않은 내 아내 신영금과 아들 효원, 현우 그리고 딸 유은에게 고마움을 표한다.

2014. 01. 01

대한민국 주권이 시작되는 백령도에서

신철호

CONTENTS

PART Ⅰ 개념 잡기 ·15

1장 재테크의 올바른 이해 ·16

2장 내게 맞는 재테크 개념 잡기 ·31

3장 제대할 때까지 얼마를 모을 수 있나? ·39

PART Ⅱ 점검하고 계획세우기 ·51

4장 나의 재정상태 점검하기 ·52

5장 재테크의 기본 - 지출 통제 ·63

PART Ⅲ 실행하기   ·107

부록 - 유형별 금융사기 예방법   ·165

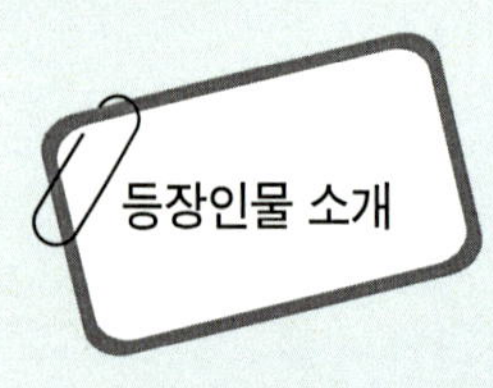

등장인물	재무적 특성
재정참모	• 마른 체구에 각진 얼굴, 파일럿 안경 착용. • 군인정신이 투철하며 초급간부 재무설계에 관심 많음. • 금융 분야에 해박한 지식 보유. • 폭넓은 독서를 통해 통찰력과 인품을 갖춤.
박 대위	• 직책: 전방 중대장(임관 5년차) • 군 생활에 대한 확신 없음. • 결혼 3년차로 돌 지난 딸이 한 명 있음. • 미래에 대한 막연한 불안을 갖고 있으며, 금융·재무관련 지식 부족으로 재산 형성이 부진. • 자녀 교육에 대한 관심은 많으나 관련 지식은 부족.
차 하사	• 직책: 중대 상황하사(임관 2년차). • 친구들과 어울리기 좋아하며 허세 부리는 경향이 있음. • 경제관념이 없어 소득보다 많은 지출을 하고 있음. • 대출받아 자동차를 구입하고, 다수의 신용카드를 사용하고 있음.
진 중위	• 직책: 대대 인사장교(임관 2년차). • 재테크에 관심이 많으며, 관련 책을 많이 읽었음. • 월급의 90% 이상 저축하는 깍쟁이지만, 결혼 자금에 대한 고민이 많음.

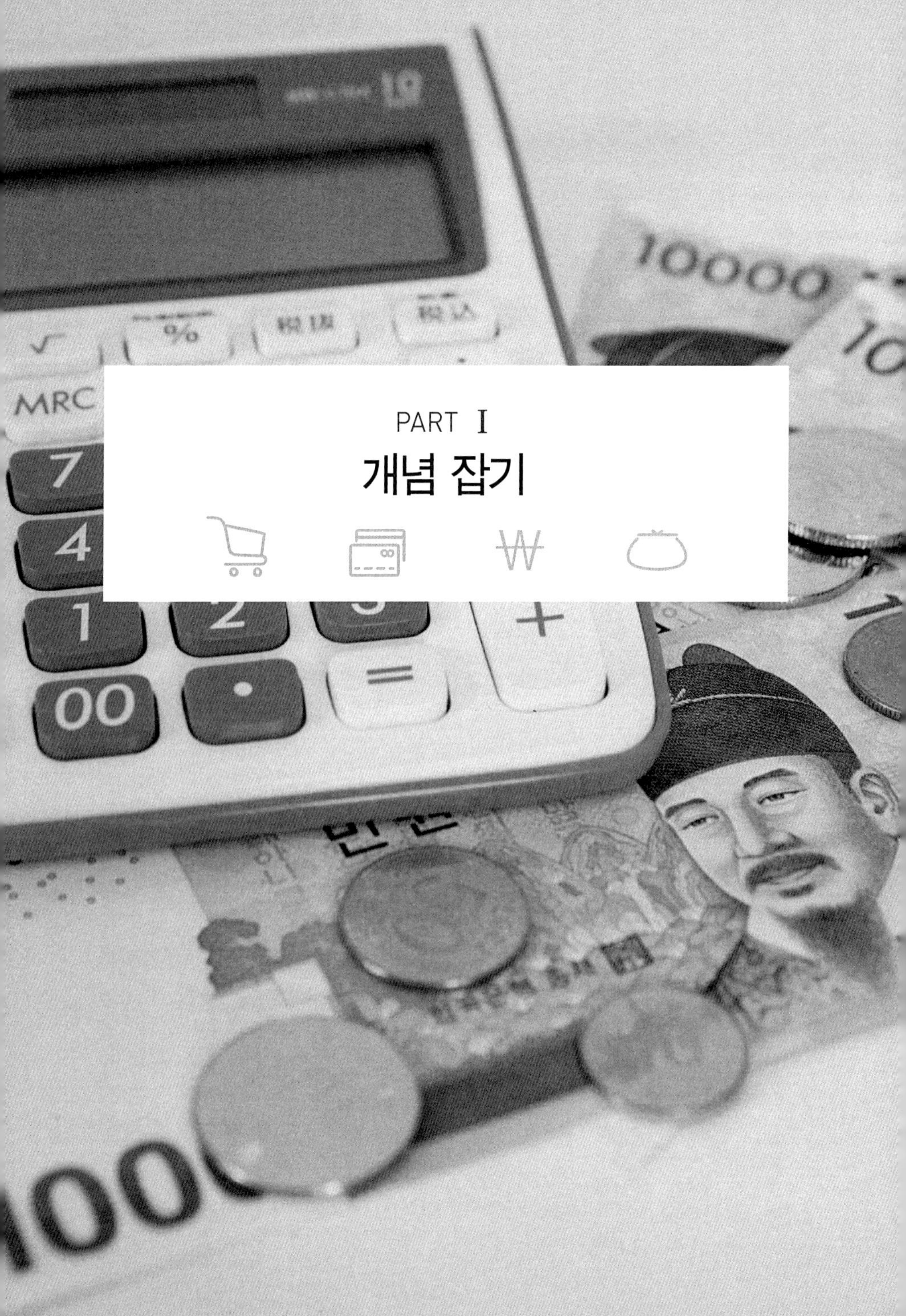
PART I
개념 잡기

1장 재테크의 올바른 이해

> 돈은 바닷물과 같다. 많이 먹으면 먹을수록 더 목마르게 된다.
>
> - 쇼펜하우어 -

"필승! 2중대장 보고 드리겠습니다. 야간 경계 작전 간 특이사항 없었습니다.

오늘 00시에 ooo포 사격 계획되어 있으며 중대장 현장 위치하여 감독하겠습니다. 오늘 계획된 여단 동숙근무 관련해서는 동숙근무자가 전방의 현장감을 느낄 수 있도록 전 초소 순찰 안내토록 하겠습니다."

대대장 "그래, 여단 동숙근무자가 전방의 분위기를 생생하게 느끼도록 하는 것이 매우 중요하지. 여단을 대표해서 2중대에 오는 만큼 불편함이 없도록 잘 챙기도록 해라."

"예, 알겠습니다, 대대장님."

대대장 "동숙근무자 직책이 어떻게 되지?"

"재정참모입니다."

대대장 "재정참모라…… 2중대장! 딸이 얼마 전 돌이었지?"

"예, 한 달 전에 돌이었습니다. 하루가 다르게 크는 걸 보니 기쁘기도 하고 한편으로는 어깨가 무거워집니다."

대대장 "왜 아니겠나? 대한민국에서 자녀를 키운다는 것은 경제적 부담도 많이 따르는 일이니까. 동숙근무중 시간이 가용하면 재정참모에게 재무설계에 대해 조언을 받아보는 것도 좋을 것 같구나."

"예, 시간이 가용하면 상담을 받도록 하겠습니다."

대대장 "오케이, 수고했다. 아, 차 하사도 함께 상담받도록 해라. 신상면담해 보니 씀씀이가 좀 과한 것 같더라."

"예, 차 하사와 함께 상담받겠습니다. 계속 근무하겠습니다. 필승!"

사실 2중대장 박 대위는 최근 들어 재정적인 것에 대한 고민이 많다. 학창 시절 공부도 곧잘 해서 일류대는 아니지만 그런대로 괜찮은 대학에 진학했었다. 하지만 높은 대학 등록금 부담에 군 장학생에 지원을 했고 현재는 장기복무 장교로 선발되어 중대장 직을 수행하고 있다.

대학 때 경영학을 공부해서 재정분야에 대해 기초적 지식이 없는 것은 아니지만, 군 복무의 특성상 실시간 정보를 얻기도 쉽지 않을 뿐더러 해안 경계 작전에 투입된 현재로써는 금전적인 것에 대해서는 아예 잊고 살다시피 해온 게 사실이다.

하지만 최근 딸아이 돌잔치에서 만난 대학 절친 S그룹 김 대리와의 만남 이후 자신의 재정적인 부분에 대해 내심 걱정이 생기던 차였다.

박 대위와 김 대리는 대학 1학년 시절 함께 영어동아리 활동을 했다. 주말이면 외국인이 많은 이태원에서 아르바이트를 하며 영어 실력을 키우기 위해 노력했었다.

당시 두 친구 모두 중상급 영어실력을 가진 평범한 대학 1학년생 이었다. 군 장학생이 된 박 대위는 장교가 될 생각에 리더십 관련 서적을 꾸준히 읽으며 군인으로써의 미래를 준비했고, 김 대리는 방학이면 단기 어학연수를 다니며 영어 실력을 쌓는 등 S그룹 취직을 위한 준비를 착실히 했었다.

박 대위는 자신의 연봉보다 두 배가 많은 김 대리를 보며 내심 부러움과 자신의 미래에 대한 불안을 느낀 것이다.

한편 차 하사는 어려서부터 직업군인에 대한 동경심이 커서 대학 진로도 부사관학과를 선택했다. 현재 군 생활에 잘 적응하고 있으며 스스로 만족을 느끼며 살고 있다. 하지만 어린 나이에 직업을 갖고 소득이 발생하다 보니, 본의 아니게 씀씀이가 커지고 빚도 쌓이고 있어 근심하고 있다.

"00:00에 나갑니다."

"전원투입 때 나도 함께 나가게 준비해 주게."

"예, ㅇㅇㅇ초소 방향으로 함께 가시면 됩니다. 차 하사가 안내토록 하겠습니다."

"전원투입 후 11시에 초소 근무에 진입을 하고 싶은데 가능하겠나?"

"가능합니다. 하지만 초소 근무보다는 중대 내 전 경계초소를 순찰하시는 것이 전체적인 파악에 도움이 될 것이라 판단됩니다. 괜찮으시면 제가 순찰하는 시간에 함께 가시는 것으로 준비하겠습니다."

"그렇게 하지."

전원투입 작전이 끝나고 순찰을 가기까지 약 두 시간의 시간적 여유가 있다. 박 대위와 차 하사는 이 시간을 이용해서 재정참모에게 재무상담을 받으면 좋겠다고 생각을 하고, 음료수를 들고 재정참모에게 찾아간다.

"재정참모님, 저희가 재테크 상담이 필요한데 해주실 수 있습니까?"

"……."

"지난달 딸 돌잔치를 했는데, 아이들은 참 빨리 크는구나 하는 걸 느꼈고 동시에 내 월급으로 아이를 잘 키울 수 있을까 하는

걱정도 들었던 게 사실입니다. 그리고 차 하사는 빚 문제로 고민을 하고 있습니다."

"재테크 상담이라……."

뜸만 들이고 말이 없는 재정참모를 보며 박 대위는 괜히 말을 꺼냈구나 하는 후회가 밀려 왔다.

"아, 동숙근무 오신 분께 제가 쓸데없는 부탁을 드린 것 같습니다. 죄송합니다."

열심히 군 생활하는 것이 최고의 재테크다

"박 대위는 재테크가 뭐라고 생각하나?"
상담받기 틀렸다 생각했던 박 대위는 재정참모의 난대 없는 질문에 황당했지만 기쁘게 대답을 한다.

"아 예. 제가 경영학을 전공해서 이쪽에 전혀 문외한은 아닙니다. **재테크는 재무의 '재'와 기술을 의미하는 technology의 테**

크(tech)를 **합성**해서 만든 단어이지 않습니까? 그러니 그 뜻은 재산을 늘리는 기술 정도겠지요?"

"사전적 의미를 잘 알고 있군. 자네가 말했듯이 **재테크는 재산을 관리하고 늘리는 기술**이네. 그렇다면 우리가 군 생활을 잘 해서 진급하면 월급이 인상되고 그러면 재산이 늘어나게 되니 군 생활 열심히 하는 것이 최고의 재테크라고 생각해도 틀리지 않겠군.

더군다나 진급 잘하면 복무기간도 연장이 되니 열심히 군 생활 하는 것보다 더 좋은 재테크 방법은 없지. 남들보다 1년 늦게 진급하면 계급별 급여 차이로 인한 금전적 손해도 매우 크니, 열심히 근무해서 제때 진급하시게나."

재정참모의 대답에 박 대위는 맥이 확 풀리는 기분과 함께 혹시 본인도 잘 모르는 거 아닌가 하는 의구심이 들기 시작했다.

> **Tip**
>
> **투자의 귀재 워런버핏의 재테크 5계명**
>
> 1. 이익은 반드시 재투자하라.
> 2. 적은 돈을 우습게보지 마라.
> 3. 돌다리도 두드려 보고 건너라.
> 4. 기다리는 만큼 남는다.
> 5. 절대로 원금을 까먹어서는 안 된다.

높은 수익률의 함정에 유의하라

 "아 그건 맞는 말씀이지만, 흔히 재테크라 함은 일 해서 버는 것 말고 부수적으로 수익을 늘리는 것을 생각하지 않습니까? 부동산이나 펀드 같은……."

 "박 대위가 말한 것처럼 재테크를 월급 이외의 부분으로 한정한다면 재테크는 더 간단해지네. 그냥 [기간 × 수익률]이라고 정의하면 될 것 같네. 수익률이 높은 상품에 투자하거나 수익률은 낮지만 장기간 투자를 하거나 하면 돈을 많이 불릴 수 있을 테니."

 "예? 수익률 높은 상품에 장기간 투자하면 된다는 너무나 당연한 말씀을 하고 싶으신 겁니까?"

 "수익률 높은 상품에 장기간 안정되게 투자하면 당연히 최고지. 내가 하고 싶은 말의 핵심은 수익률이 낮더라도 장기간 투자하면 많은 수익을 올릴 수 있다는 거지. **High risk, high return.** 위험이 높아야 수익도 높다는 뜻인데, 위험은 생각하지 않고 단기간에 고수익을 내려하니 쪽박을 차는 거지.

단기간에 고수익을 내는 상품이라면 누가 그런 상품을 남에게 팔겠나? 자기가 갖지. 고수익이 가능하다는 것은 그만큼 고위험을 수반하기에 모험을 감수할 수 없어 다른 사람에게 팔려고 하는 거겠지."

"그렇긴 합니다만……."

"수익률이 높지 않더라도 장기간 유지할 수 있다면, 수익을 많이 낼 수 있고 위험부담도 낮으니 얼마나 좋나? 장기간 투자를 해야 성공확률도 높은 것이고."

"하지만 오르는 물가도 생각해야 하는데 은행 이자는 너무 낮아서 오히려 손해지 않습니까?"

"누가 은행에만 넣으라고 했나? 수익과 위험은 어느 정도 비례관계가 있으니 **투자 상품을 결정할 때는 수익률과 그에 수반되는 위험도 함께 고려해야 한다**는 얘기네.

그리고 자신이 감당할 수 있는 수준의 위험이라 판단되었을 때에만 투자를 해야 하는 것이고. **위험을 감당할 수 없다면 목표 수익률을 낮추고 기간을 길게 함으로써 낮은 수익률을 상쇄하라**는 것이지."

"재테크는 빨리 시작하는 것이 좋다고 하던데, 그 말도 결국은 기간을 늘리기 위해서이군요?"

Tip

복리는 인간의 가장 위대한 발명이다. - 아인슈타인

· 복리는 원금에 이자를 합친 금액에 다시 이자를 붙이는 것
· 세계 8대 불가사의

복리는 마술이다. - 워런버핏

· 눈을 굴리면 눈덩이에 눈이 붙어 자꾸 커지는 '눈덩이 효과' 와 같다.

재테크를 일찍 시작해야 하는 이유

노후자금 1억 원을 마련하는데 저축 시작 연령대별 매월 저축액(금리 5%, 단위: 원)

〈출처: 생애주기별 금융생활 가이드 북(미혼기 편), 금융감독원〉

장기투자를 해야 하는 이유

성공확률(%) : 원금을 최소한 보존할 수 있는 투자성공률

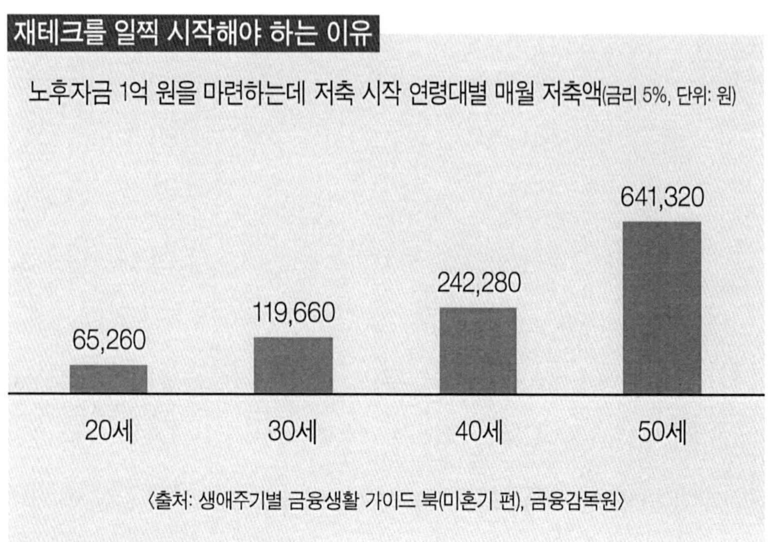

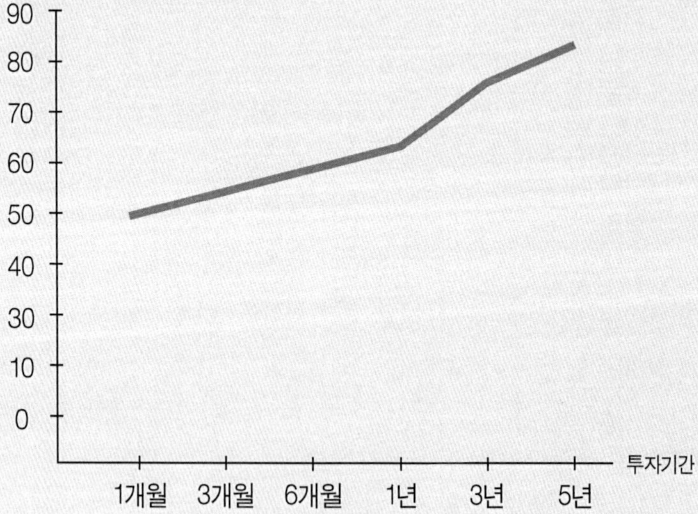

〈출처: 20대를 위한 스마트 금융생활 가이드, 김근수 등〉

 ## 은퇴 후 삶을 위해 지금부터 나를 단련하라

"재테크를 빨리 시작하는 것과 함께 기간을 늘리는 방법이 하나 더 있네."

기간을 늘리는 또 하나의 방법이 있다는 말에 박 대위는 이건 또 무슨 소린가 하는 호기심에 몸을 앞으로 숙이며 집중한다.

 "그게 뭡니까?"

 "제2의 직업을 갖는 것이지."

 "예? 아까 군 생활 열심히 하는 것이 최고의 재테크라고 하시더니 부업을 하라는 건 모순되는 거 아닙니까?"

 "부업을 하라는 게 아니라, 퇴직 후 일을 더 하라는 얘기네."

 "아 예, 하긴 100세 시대에 제대 후 일을 하지 않는다면 너무 무료할 것 같습니다."

 "당장 사회의 친구들보다 소득이 적다고 조바심 가질 필요 없네. **늦은 만큼 남들보다 더 오랜 기간 일을 하고 모아서 추월하면 되는 거니까.**

제2의 직업을 갖기 위해서는 남는 시간에 꾸준히 자기계발 노력을 해야 하니 게을러질 겨를도 없고, 은퇴 후에도 일하려면 건강도 잘 관리해야 하니, 결국 제2의 직업을 준비하는 것은 군 생활을 열심히 하는 것과도 일맥상통하는 말이지."

 "빨리 시작하지 못했다면 더 오랫동안 하면 된다 이 말씀이군요?"

꾸준한 학습이 재테크 성공을 보장한다

"자네가 서두에 재테크라고 예를 든 부동산이나 펀드가 누구에게나 재테크가 될 수 있다고 생각하나?"

"네? 그건 또 무슨 말씀이신지……? 재테크를 얘기할 때 누구도 의심 없이 가장 먼저 언급하는 것이 부동산과 펀드 아닙니까?"

"그렇긴 하지. 재테크의 사전적 의미가 재산을 늘리는 기술이라면, 기술을 타고 나던가 그렇지 않다면 후천적인 학습을 통해 습득해야 겠지. 그냥 무심코 아파트 한 채 샀을 뿐인데 가격이 두 배로 오르는 그런 사람은 타고난 감각과 복이 있으니 학습이 필요 없겠지만 대다수의 사람들은 **신문도 읽고 부지런히 발품도 팔고 해서 정보를 습득하고 감각을 길러야 재테크에 성공할 수 있는 거지.**"

"옳으신 말씀입니다. 재테크 서적에서도 경제신문을 꾸준히 읽어야 한다고 되어 있었던 것 같습니다. 특히 부동산 같은 것은 현장을 부지런히 다니며 정보를 수집해야 한다고 강조되어 있었습니다."

"비단 부동산만 그런 것이 아니네. 요즘 미취학 어린이도 한다는 펀드도 공부가 필요하네."

"펀드는 어차피 전문적인 펀드매니저가 관리를 하고 투자를 하는 것이라 투자자가 신경을 쓸 부분은 없다고 생각했는데요."

"이미 투자된 돈에 대해서 관리를 펀드매니저가 하는 것은 맞지. 가입한 후 투자자가 신경 쓸 부분이 없는 것도 맞고. 하지만 펀드매니저라고 모두 능력이 같은 것이 아니고 펀드 운용실적도 천차만별이네. 그러니 펀드매니저나 펀드를 선택할 때 신중해야 하는 거지."

"그렇긴 하지만……."

"또 시중에 판매되는 펀드 종류가 얼마나 많은 줄 아나? 이 많은 상품 중에 어떤 것이 수익이 높고 안정적인지는 학습하지 않고는 알 수가 없지. 결론적으로 말하면 **재테크는 학습이 반드시 선행되어야 한다**는 말이네.

가장 기본적인 재테크 수단인 은행 예금도 마찬가지네. 은행마다, 가입시점에 따라 그리고 개인의 이용실적에 따라 금리에 차이가 있지. 그러니 관련된 내용을 잘 확인하고 요모조모 비교해 보고 가입을 해야 남들보다 조금이라도 높은 이자수익을 낼 수 있고 그래야 제대로 재테크 했다고 할 수 있겠지."

"감사합니다. 참모님 말씀을 듣고 보니 이제 재테크에 대해 기본적인 개념이 잡히는 것 같습니다. **재테크를 잘하기 위해서는 지속적인 관심과 학습이 선행되어야 한다는 것과, 대박에 대한 막연한 기대가 아닌 안정성을 바탕으로 장기간에 걸쳐 적정수준의 수익을 목표해야 한다**는 말씀이지 않습니까?"

"잘 요약하는군."

"재테크 공부 방법을 좀 더 구체적으로 알려주실 수는 없습니까?"

"글쎄. 책을 통해 학습하는 것이 가장 효과적이라고 생각하네. 재테크나 기초적인 경제 지식에 관한 책은 서점에 많이 나와 있으니, 맘에 드는 책을 골라 읽으면 되겠지. 한두 권 읽어선 안 되고 지속적으로 관련 책을 읽어야 하지. 책마다 저자의 성향에 따라 내용과 의도하는 바가 다르거든. **최소한 10권 이상은 읽어야 자기 나름의 생각이 정리될 수 있을 거야.**

참고로 나는 일주일에 1권의 책을 읽는데, 책을 살 때 경제/재테크 관련 서적, 자기계발 서적 그리고 자녀 교육 관련된 책을 한 번에 주문하고, 돌아가면서 읽지. 재테크 관련 서적만 너무 편중해서 보면 식상하기도 하고 또 자칫 읽은 지식은 많은데 경험과 사고가 뒤따르지 않아 잘못된 판단을 할 수 있거든. **책을 읽고 소화시키는 데도 시간이 필요한 법**이니까.

인터넷을 통해 공부할 수 있는 사이트는 내가 적어 주겠네."

재테크 공부 방법

1단계(부자 철학): 부에 대한 개념이 있어야 허황된 꿈을 꾸지 않는다.
　　　　　* 부에 대한 가치관, 철학 등에 대한 책
2단계(경제 지식): 경제 돌아가는 감이 있어야 투자가 가능하다.
　　　　　* 경제신문 읽기, 기초 경제원리 관련 책
3단계(금융 지식): 금융상품/재테크 지식을 쌓고 난 후 실전 투자 가능
　　　　　* 재테크 관련 서적

- 인터넷 재테크 카페

  모네타(www.moneta.co.kr), 텐인텐(10년 10억 만들기, 다음 카페),

  재테크 똑똑하게 하는 방법(다음 카페)

- 인터넷 경제 신문

  이데일리(www.edaily.co.kr), 매일경제신문(www.mk.co.kr)

- 금융 지식: 금융감독원 교육지원센터(edu.fss.or.kr),

  한국투자자보호재단(www.invedu.or.kr)

- 세금: 국세청(www.nts.go.kr), 한국납세자연맹(www.koreatax.org)

- 펀드 비교 평가

  펀드닥터(www.funddoctor.co.kr), 모닝스타코리아(www.morningstar.co.kr)

- 경제 지표: 한국은행 경제통계시스템(ecos.bok.or.kr)

- 경제, 경영, 회계, 재테크 관련 도서: 서점에 많음.

★ 재테크는 재산을 관리하고 늘리는 기술

★ 수익이 높으면 손실 위험도 높다.

★ 투자 기간을 늘리면 성공확률이 높아진다.

★ 일찍 시작하면 복리의 마술이 찾아온다.

★ 꾸준한 자기관리로 두 마리 토끼를 잡아라.

  * 군에서 인정받고, 은퇴 후 제2의 삶도 준비

★ 재테크도 학습이 필요하다.

2장 내게 맞는 재테크 개념 잡기

> 지갑이 가벼우면 마음이 무겁다.
>
> – 괴테 –

부자의 기준은 개인적 소망일 뿐이다

"박 대위는 얼마 정도 있어야 부자라고 생각하나?"

"글쎄요, 잘 모르겠습니다."

"그냥 박 대위 생각을 얘기하면 돼."

"5억 정도?"

"소박하구만. 얼마 전 언론사에서 발표한 직장인들을 대상으로 한 설문조사 결과를 보니 135억 이상 있어야 부자라고 하더군."

"헉 135억!"

〈출처: 직장인 665명 대상 설문조사, 잡코리아와 청림출판, ' 13. 4. 24〉

"2~3년 전 설문조사 결과에서는 10~20억 정도라고 발표되었던 걸로 기억하는데, 우리나라 경제가 10배 이상 성장하지 않은 것은 분명한데 이렇게 부자에 대한 기준이 상향된 이유는 뭘까?"

"그러게요. 제 수중에 있는 전 재산을 합해도 5천만 원이 안 되는데 좀 허탈한 느낌이 드는군요. 너무 허황된 꿈을 많이 꾸는 것 아닐까요? 요즘 드라마에 나오는 말도 안 되는 부자 이야기나, 수십억의 연봉을 받는 운동선수들 이야기들이 너무 많이 보도되다 보니 부자의 기준에도 거품이 생긴 것 같습니다."

"일리 있는 말이군. 거기에 더해 사람들의 삶이 그만큼 힘들다는 얘기일 수도 있겠지. 극심한 취업난과 취업 후에도 치열한 경쟁을 겪으며 살아야 하다 보니, 돈에 의존하고 싶은 맘이 커지고 기대하는 부의 수준도 높아진 것이겠지."

"부의 기준은 상대적이라고 생각합니다. 주변에 1,000억 이상의 재산을 갖은 사람들이 많다면 100억을 갖고 있는 들 자신이 부자라고 생각하기는 힘들겠지요."

"그래, 내가 하고 싶은 말이네. 한 외국은행에서 백만 달러(11억) 이상의 자산이 있는 사람들을 대상으로 부자의 기준에 대해 조사를 했더니, 우리나라 일반 직장인들을 대상으로 한 결과인 135억보다 훨씬 적은 오백만 달러(55억)라는 결과가 나왔다고 하더군.

500만 달러(55억)는 있어야 부자

〈출처: 100만 달러 이상 투자 가능한 자산가 4,450명 대상 설문조사, 스위스 UBS 은행, ' 13.7.28〉

돈이 더 많은 사람들이 더 적은 부자의 기준을 갖고 있는 걸 보면 **부에 대한 기준이 상대적이고 주관적인 건 확실한 것** 같아. 그냥 각자 생각하는 희망사항이랄까? 그러니 언론에서 발표하는 부자의 기준이 높다고 하여 허탈해할 필요는 없는 거지."

"참모님께서 생각하시는 부자의 기준은 얼마입니까?"

"부자에 대한 기준이 상대적이라고 결론지었는데……."

"그래도 궁금해서요."

"난 개인적으로 연금을 빼고 10억 정도 있으면 부자라고 생각하네. 그 정도 돈이 있으면 내가 구상하고 있는 삶을 살 수 있을 것 같거든."

"10억이라……."

"박 대위가 생각하는 부자의 기준이 5억이라고 했으니, 5억을 모으는 걸 박 대위 재정목표라고 생각하면 되겠나?"

"아니요. 생각해 보니 저도 10억은 있어야 할 것 같습니다. ㅋㅋ"

직업을 결정하고, 직업의 가치를 생각하라

"재정목표액을 설정하는 것은 매우 중요하네. 이 목표액이 있어야 그에 맞는 재무계획을 수립할 수 있는 것이거든."

"무슨 말씀을 하시려는지 대충 알 것 같습니다. 만약 제 목표가 1억 이라면 별 어려움 없이 모을 수 있겠지만, 10억으로 잡는다면 많은 고민과 노력이 수반될 테니, 개개인에 맞게 목표를 수립해야 한다는 말씀을 하시려는 것이지요?"

"말을 아주 잘 알아듣는군. 근데 재정목표액을 설정하기 위해서는 직업, 결혼 그리고 자녀 교육 등 인생 전반에 대한 설계가 우선돼야 하네."

"아이고, 참모님. 재무상담이 너무 거창해지는 것 같습니다……."

"직업을 결정해야 미래 수입을 예상할 수 있고, 결혼을 언제하고 자녀 교육을 어떻게 할지를 정해야 미래 지출 규모를 예상할 수 있으니, 재정 목표 설정을 위해 반드시 필요한 과정이네."

"아, 그렇군요. 사실 우리나라 가계 지출에서 자녀 교육비가 차지하는 비중이 가장 크다고 들었습니다. 그리고 결혼비용도 어마어마하게 든다고 하던데……."

"그래. 우선 직업에 대해 얘기하자면 자넨 직업군인의 삶을 선택했네. 내말이 맞나?"

"예, 맞습니다."

"그럼 기본적인 미래 현금 흐름은 예상할 수 있겠군. 박 대위가 중간에 전역하지만 않는다면 말이야."

"아, 미래 수입을 예상할 수 있어야 재무계획을 세울 수 있다는 말씀을 하시려는 거군요."

"그렇다네. 직업군인이 되기로 한 이유는 명예심인가, 아님 직업적 안정성인가?"

"글쎄요. 나라를 지키는 군인임이 스스로 자랑스럽다고 생각했고 남들에게도 떳떳할 수 있어 좋은 직업이라 생각했습니다."

"그렇지. **군인은 생계를 위해 어쩔 수 없이 하는 것이 아니라 명예심과 사명감으로 하는 성직**이지. 그러기에 보람도 느낄 수 있는 거고."

직무 만족도가 높은 군인

순위	사회적 기여도	직업의 지속성	발전 가능성	업무환경과 시간적 여유	직무 만족도
1	도선사	시인	학예사	시인	초등학교교장
2	장학사	작곡가	토목설계사	초등학교교장	국회의원
3	신부	한의사	장학사	대학교총장	목사
4	성악가	소설가	심리학연구원	철학연구원	육군 장교
5	학예사	성우	성우	통계연구원	도선사

〈출처: 한국고용정보원, 2010년~2011년 759개 직업 26,181명 대상 조사〉

"하지만 솔직히 직업적인 안정성도 직업군인이 되기로 결심한 이유 중에 하나인 것은 사실입니다. 요즘같이 취직하기 어렵고 취직해도 언제 그만두게 될지 모르는 고용불안의 시대에, 군인은 공무원만큼은 아니래도 안정성이 있는 게 사실이니까요. 특히 군인연금은 빼놓을 수 없는 매력이지요."

"아마도 박 대위처럼 많은 군인들이 성직을 수행한다는 명예심과 직업적인 안정성을 모두 고려하고 군인으로써의 삶을 선택하고 있을 걸세. 하지만 어느 쪽에 더 큰 비중을 두느냐는 사람마다 매우 다르지. 명예에 비중을 두는 사람은 아무래도 금전적인 부분에 대해 관심이 적을 것이고 재정목표액 또한 높지 않을 걸세. 하지만 안정성에 비중을 두는 사람은 그 반대이겠지."

"이해가 됩니다. 참모님께 재무상담을 받고 있는 저는 직업적 안정에 비중을 두거나, 최소한 중립적인 위치라고 볼 수 있겠군요."

"하하하, 그렇다고 생각할 수 있겠지."

"근데 군인이 금전적인 부분에 많은 관심을 갖는 건 왠지 좋아 보이지 않습니다. 가끔 부동산에 투자해서 돈을 벌었다고 하는 사람이나 주식에 투자해서 고수익을 냈다고 자랑하는 사람들을 보면 부럽다는 생각도 들지만 한편으로는 군인 본연의 임무에 충실하지 못한 사람이 아닌가 하는 생각도 듭니다."

"공감이 가는 말이네. 군인은 성직이라는 이미지가 강해 금전적 풍요와는 조금 어울리지 않는 부분이 있지. 더구나 재산을 늘리는 방법이 투기나 기타 불법적인 방법이 동원된 것이라면 매우 잘못된 것이겠지.

하지만 나라에서 주는 급여를 낭비하지 않고 알뜰하게 모으고 관리를 하는 것은, 재정적 안정 하에 군 생활에 전념할 수 있게 해주는 권장할 만한 일이네."

"직업에 대해서는 더 고민할 필요가 없을 것 같습니다. **저의 직업은 본연의 임무에 충실한 명예로운 군인이 되는 것이고, 재정적인 부분은 이를 뒷받침하기 위한 수단 정도로만 생각하겠습니다.**"

"그래, 기본적인 생각을 그렇게 하고 세부적인 고민은 시간을 두고 진지하게 한 번 해보길 바라네."

〈요약〉 2장 내게 맞는 재테크 개념 잡기

★ 부자이기 때문에 행복한 게 아니라, 행복하기 때문에 부자이다.

★ 인생 전반에 대한 계획을 수립하라.

★ 군인은 보람 있는 직업이다.

3장 제대할 때까지 얼마를 모을 수 있나?

 ## 저축 여력을 증가시켜라

 "참모님, 아까 10억을 부자의 기준으로 생각한다고 하셨지 않습니까? 근데 군인 월급으로 10억을 모으는 것이 가능합니까? 아니면 군인들은 좀 낮은 수준에서 재정목표를 세워야 하는 것입니까?"

"군인 월급으로 10억을 모을 수 있느냐? 글쎄 난 가능하다고 보는데……."

 "정말입니까? 물리적으로 생각해 봐도 안 될 것 같습니다. 제

연봉이 3천만 원 정도이고 가족 생활비, 보험료, 부모님 용돈 등을 제외하고 나면 실제 1천만 원 저축도 빠듯한 실정입니다. 이렇게 나가면 100년을 군 생활해야 10억을 모을 수 있다는 계산이 나옵니다."

"하하하. 100년을 군 생활할 수 있으면 얼마나 좋을까? 노후 걱정 따로 안 해도 되겠구만."

"100살 넘어서도 군에서 일하고 있으면 안 되지요……."

"박 대위가 올해 몇 살인가?"

"만으로 28살입니다."

"박 대위는 총명하니 대령까지 진급할 수 있다고 전제하고, 대령 정년이 현재 만 56세이니 아직 28년을 더 복무할 수 있겠군. 박 대위는 본인의 재정상태에 대해 면밀히 분석해 본 적이 있나?

이를테면 내가 한 달 동안 사용하는 돈의 출처를 목록화해 보고 이중 불필요한 부분에 낭비되는 것은 없는지, 그리고 현재 내가 모아놓은 자금을 어떻게 운용할지 등……."

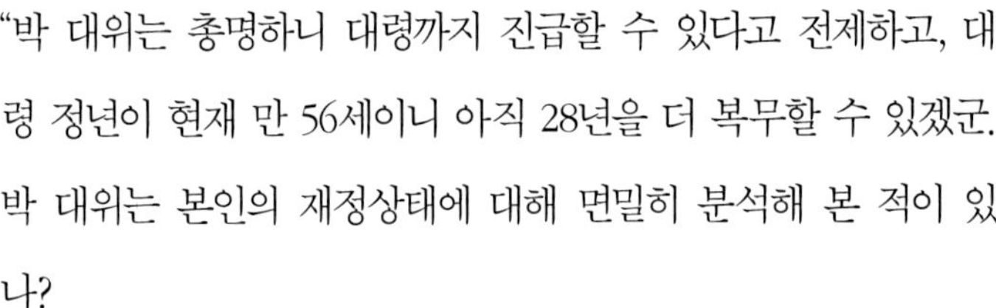

"그렇게 진지하게 생각해 본 적은 없습니다. 그저 한 달에 100만원은 저축해야지 하고 나름 아껴 쓰기는 하는데, 쓰다 보면 항상 초과 지출하여 목표를 달성하지 못하는 악순환만 반복하고 있습니다."

"일단 현재 월급을 기준으로 한 달 100만 원이란 저축 목표는 나쁘진 않네. 하지만 지출 내역에 대해서는 꼼꼼히 재정비를 해

볼 필요가 있을 것 같네. 혹시 불필요한 지출은 없는지 확인하는 것 말이네.

자네가 저축 목표 달성에 실패하는 이유는, 목표 저축액을 먼저 저축하고 남는 돈에 생활을 맞추어야 하는데 자넨 쓰고 나서 저축을 하려 하기 때문이네."

"그건 그렇습니다. 일단 통장에 돈이 있으면 쓰게 되니까요."

"지금부터라도 저축 목표액을 정하고 급여일에 저축통장으로 저축 목표액을 자동이체 시키게나. 그리고 남은 돈으로 생활을 하고."

"저축할 수 있는 돈이 100만 원 안팎이라 매월 목표액을 저축한다 해도 군 생활 중에 10억을 모으는 건 불가능일 것 같습니다."

"박 대위의 지금 월급은 많지가 않지만 **계급이 올라가면 월급도 상당히 올라간다**네. 소령이 되면 연봉 5천만 원 안팎이 되고 중령이면 6천, 대령이면 7천만 원 이상의 급여를 받게 되지. 그러니 저축할 수 있는 여력도 점차 늘어날 것이고 저축 액수를 늘리면 재산이 늘어나는데 가속도가 붙을 것이네."

"열심히 군 생활하라는 말씀을 재강조하시는 거군요."

"허허, 그렇게 들렸나? 한 가지 덧붙이면, 지출을 줄여서 지출여력을 늘리는 것도 매우 중요하다네. 특히 차 하사처럼 직장 초년생인 경우는 더더욱 그렇지."

"이유가 뭡니까?"

“차 하사, 차 있나?”

“예, 있습니다.”

“전방에서 근무하는 지금 꼭 차가 필요해서 산 건가?”

“외박 나갈 때나 휴가 나갈 때 타고 가면 편하고, 친구들 만날 때 차가 있어야 어깨에 힘도 들어가고 해서요.”

“사용 빈도가 많지 않다는 얘기로 들리는군. 자동차는 현금으로 산 건가 아님 할부로 산 건가?”

“차 값은 3천만 원이고 2천만 원 대출받았습니다.”

“차를 한 대 유지하는 비용이 얼마나 되는지는 생각해 봤나?”

“글쎄요. 기름 값, 대출이자비 등이 들기는 하지만 그렇게 많이 드는 것 같지는 않습니다.”

“이런! 차를 유지하는 비용은 차 하사가 생각하는 것 이상으로 많이 든다네. 아마도 월평균 50만 원 이상은 들 거야. 차는 얼마나 탈 생각으로 샀나?”

“10년 정도 생각하고 있습니다.”

“그럼, 매월 50만 원씩 10년 동안 비용이 드니, 1년이면 600만 원, 10년이면 자그마치 6천만 원이라는 계산이 나오는군. 차 값의 두 배네.”

“헉, 생각보다 유지비가 많이 드는군요. 종잣돈 모으는 거, 차만 안 사고 저축해도 10년에 6천만 원 모을 수 있다니 정말 놀랍습니다.”

차량 유지비 계산(대략)

* 가정: 자동차 값 3,000만원, 대출 2,000만원

- 감가상각비: 년 150만 원, 월 12.5만 원

- 2,000만 원 대출 이자: 5% 가정, 년 100만 원, 월 8만 원

- 1,000만 원 기회비용: 3% 가정, 30만 원, 월 2.5만 원

- 보험료/자동차세: 연 100만 원, 월 8만 원

- 기름 값/소모품 유지비: 월 15만 원

- 계: 월 46만 원

- 10년간 비용: 46만원×12개월×10년=5,520만 원

* 신차 구입비의 1.84배, 편의상 투자수익 미고려(개인별 차이 큼)

• 군인 계급별 급여

(기준년도: 2012년)

계급	호봉	연봉	월평균	비고
하사	3	21,137,450원	1,761,454원	
중사	7	33,696,940원	2,808,078원	
상사	15	46,265,520원	3,855,460원	
원사	15-1	66,324,080원	5,527,006원	봉급, 수당, 상여금 등 과세급여 총액
준위	27-4	70,494,040원	5,874,503원	
중위	3	27,336,650원	2,278,054원	* 특수지근무수당,
대위	6	42,469,050원	3,539,087원	영외급식비 등
소령	9	52,081,640원	4,340,136원	비과세급여 미포함
중령	13	63,695,030원	5,307,919원	
대령	15	78,250,890원	6,520,907원	

* 상기 자료는 개인별 지급받는 수당에 따라 차이가 날 수 있습니다.

• 직종별 평균임금

(기준년도: 2012년)

구분	월평균	구분	월평균
관리자	4,944,050원	판매 종사자	2,357,269원
전문가	3,053,503원	농림어업 숙련 종사자	2,018,361원
사무 종사자	2,804,922원	장치, 기계조작 종사자	2,215,215원
서비스 종사자	1,710,091원	단순노무 종사자	1,515,156원

〈출처: 고용노동부 노동통계 정보시스템〉

 ## 군인 월급으로 노후자금 마련할 수 있다

"군인 월급으로 10억을 모을 수 있느냐에 대해 얘기해 보세. 자네 아까 1년에 1천만 원을 저축하고 있다고 했지? 그럼 월급이 많이 오르는 각 계급별로는 얼마나 모을지 계획을 한 번 세워보게.

앞으로 대위 6년 동안은 연 1천만 원으로 6천만 원을 저축하고, 소령 7년 동안은 1천5백만 원으로 1억 원을 저축하고, 중령 6년 동안은 2천만 원으로 1.2억을 저축하고, 대령 10년 동안은 3천만 원으로 3억을 저축하여 총 5.8억 원을 모은다는 식으로 말이야."

"앗, 5.8억이나 저축을 할 수 있다니 아직 실감이 나지는 않는군요."

"이건 어디까지나 이자나 수익률은 포함이 안 된 수치네. 그저 물가인상률 수준의 예금 이자만 고려한다면, 5.8억은 현재가치라고 할 수 있겠지. 불필요한 지출을 줄이고 적절한 금융상품에 투자해서 수익을 불리면, 10억이라는 목표액은 충분히 가능한 수치라고 생각하네. 나중에 시간 내서 한 번 구체적인 재무계획을 세워보게. 본인의 수입과 지출을 고려한 현금 흐름을 알아야 정확한 금액이 산정될 수 있으니."

"알겠습니다. 나중에 한 번 계획 수립해 보고 찾아뵙고 추가 조
언을 구하겠습니다."

"또, 군인들에게는 군인연금이 있지 않나? 박 대위가 대령으로
만기전역하면 연금을 얼마나 받는 줄 아나?"

"글쎄요. 거기까지는 생각 안 해 봤습니다."

"현재 기준으로 약 400만 원을 받네."

"헐, 그렇게 많이 받습니까? 지금 제 월급보다 훨씬 많은 것 같
습니다."

"그렇겠지. 평생을 군에서 희생했으니 그 정도 보상은 받아야
지. 더구나 대령이라는 직급이 공직사회에서 낮지 않은 위치니
까. 사회 생활하는 사람들이 받는 국민연금은 여기에 절반에도
못 미치지. 개인별로 국민연금 수령액에 상당한 차이가 있지만,
대략 200만 원의 차이가 있다고 봤을 때, 200만 원의 이자를 받
기 위해서는 은행에 얼마를 예치해야 하는지 아나?"

"글쎄요? 한 4~5억 정도?"

"요즘 예금금리가 3%인 점을 고려해서 계산을 해보게."

"1억에 3%면 300만 원이고 월로 따지면 25만 원, 헉, 8억이 있어
야 매월 이자를 200만 원씩 받을 수 있겠군요."

"하하하. 그렇다네. 군인이 퇴역 후 받는 군인연금의 가치는 이
렇듯 매우 높다네. 8억짜리 연금과 박 대위가 모은 10억을 합하
면, 18억의 자산가가 되는 것이지."

"정말 그렇군요. 군 복무만 열심히 해도 부자가 될 수 있다더니 사실이군요."

"그렇다네. 그러니 **한 눈 팔지 말고 군복무에 충실하시게. 대신 알뜰한 소비생활을 통해 저축목표를 달성하기 위한 노력도 게을리하지 마시고.**"

"알겠습니다."

노후에 얼마가 필요하나?

- 기초생활(a): 160만 원(기초생활비+건강검진)
- 중산층(b): 310만 원(a+의료비, 경조사비, 동남아 해외여행경비)
- 사회적 품위 필요한 사람(c): 550만 원(b+골프라운딩, 유럽여행경비 등)

〈출처: 머니투데이, 2012.4.9〉

• 만기 전역 시 지급액

(기준: '13.8.31 전역, 단위: 원)

구분	정년	임관	복무기간	연금액
대령	56세	23세	33년 6개월	4,024,860
중령	53세	23세	30년 6개월	3,518,730
소령	45세	23세	22년 2개월	2,001,860
준위	55세	20세	35년 2개월	3,296,050
원사	55세	20세	35년 8개월	2,978,380
상사	53세	20세	33년 8개월	2,707,140

- 군복무의 특수성을 반영한 군인연금

  - 생명을 담보로 임무 수행(개인보다 국가 우선)

  - 격오지 및 문화적 소외 생활(간부의 48%가 읍·면 소재지 거주)

  - 가족들의 희생과 불편 수반(잦은 이사로 가족별거/안정적 자녀 교육 제한)

  - 짧은 정년과 사회 재취업 곤란(수행업무가 사회와 연계성 부족)

- 외국군 사례

  - 기여금 전액 국가부담(미국, 영국, 독일 등)   * 한국 50% 지원

  - 지급률 100%(미국, 대만, 칠레 등)   * 한국 76%

〈요약〉 3장 제대할 때까지 얼마를 모을 수 있나?

★ 진급하면 수입이 늘어난다.

★ 불필요한 지출을 줄여 저축을 늘려라.

★ 열심히 군 생활하면 중산층의 노후생활이 가능하다.

PART Ⅱ
점검하고 계획세우기

<u>4장</u> 나의 재정상태 점검하기

현재의 우리를 이해하기 전까지, 미래의 우리를 향해 나아갈 수 없다.
- 샬럿 길먼 -

 아차 하는 순간을 경계하라

 "박 대위는 한 달에 100만 원을 저축한다고 했지?"

"아닙니다. 1년에 1천만 원을 저축하니 한 달에 대략 85만 원 정도 합니다."

 "그렇군. 한 달 월급이 대략 250만 원 정도이니 165만 원을 지출한다는 얘긴데, 어디에 어떻게 돈을 쓰고 있는지 점검은 해 봤나?"

 "글쎄요, 그냥 최대한 아껴 쓰고는 있습니다. 가끔 카드 사용내역을 보며 너무 많이 사용했구나, 안 써도 될 걸 썼구나 하며 후회를 하기도 하고요."

 "그래. 우리가 살다 보면 예상하지 않은 상황에 돈을 쓰게 되는 경우가 많지. 동료들과 저녁 간단히 하려던 것이 술자리로 확대돼서 비용이 많이 나가는 경우나, 자주 퇴근을 못하는 미안한 마음에 아내에게 아부성 선물을 갑자기 한다거나 해서 말이지."

 "맞습니다. 군인이란 직업이 가족, 친지들을 자주 방문하지 못하는 미안한 맘을 갖고 살 수밖에 없는지라, 그걸 만회하기 위해서 가끔 기분 내 돈을 쓰는 경우가 자주 있는 것 같습니다."

 **"그래서 지출도 계획 하에 해야 하는 것이고, 계획에 없는 지출은 다음으로 미루던가 금액을 최소화하는 노력을 해야 한다네."**

지출을 줄이는 방법

1. 신용카드, 체크카드 사용을 줄입니다. 특히 신용카드를 집에 두고 다니세요.

2. 외식을 줄이세요.

3. 통신비가 너무 많이 나오지는 않나요? 통신비를 줄여보세요.

4. 문화, 오락, 여가비 지출이 많지는 않은지요? 대신 무료로 즐길 수 있는 활동들을 찾아보세요.

5. 필수품 이외의 옷, 고가품 등에 드는 돈을 줄이는 것은 물론이고요.

6. 쇼핑을 갈 때는 필요한 물건을 메모한 후 정확히 그 물건만 사세요.

7. 대형 할인매장이나 쇼핑몰에서 자주 쇼핑하는 것도 피하세요.

8. 쓸데없이 지출되는 수수료나 이자가 있는지 살피세요.

9. 세금을 줄이기 위해 소득공제, 절세 금융상품을 최대한 활용합니다.

<출처: 생애주기별 금융생활 가이드 북(신혼기 및 자녀출산기 편), 금융감독원>

"계획에 없는 지출은 하면 안 되는데, 그걸 할 수 있게 도와주는 요물이 있는 것 같습니다."

조용히 귀담아 듣고 있던 차 하사가 말을 꺼낸다.

"……."

"신용카드 말입니다. 돈이 없으면 쓰고 싶어도 못 쓰는 건데 지갑에 신용카드가 항상 준비되어 있다 보니, 그때그때 분위기에 휩쓸려 카드를 긁게 되는 것 같습니다."

"아주 일리 있는 말이야. 사실 신용카드를 많이 안 쓰던 시절에는 지갑에 돈이 없으면 누굴 만나는 것도 부담되고 어디 식당에라도 갈라치면, 지갑에 있는 돈을 초과해서 계산서가 나올까봐 무서워 함부로 주문도 못했었지."

"저절로 지출 통제가 되던 시절이었군요. 헤헤. 신용카드는 어깨에 힘을 실어주는 고마운 면도 있지만 분수를 망각하게 하는 요물스러운 면도 있는 것 같습니다."

"그래, 할 수만 있다면 카드를 안 쓰는 것이 지출 통제 면에서는 가장 좋은데, 현실적으로 카드를 사용 안 하기는 힘들 거야. 그래서 대안을 찾는다면 신용카드 대신 통장 잔고 내에서 사용하는 체크카드를 사용하는 방법을 선택할 수 있겠지. 어깨에 힘주고 자기 능력을 초과해서 긁을 수 있는 매력은 없어도, 연말정산할 때 신용카드보다 훨씬 큰 절세 효과를 볼 수 있으니 바꿔볼 만하지."

"씀씀이 줄여서 돈 아끼고, 세금 환급으로 돈 벌고. 일석이조군요."

1. 신용카드를 발급받는 즉시 뒷면에 본인 서명을 할 것

2. 비밀번호는 남이 알아낼 수 없는 숫자로 지정할 것

3. 신용카드를 분실하거나 도난당한 경우 이를 즉시 카드사에 신고할 것

4. 신용카드로 대금을 결제할 때에는 매출전표 내용을 꼼꼼하게 확인한 후 서명할 것

5. 신용카드는 남에게 빌려주지 말고 본인이 직접 관리할 것

6. 카드대금은 연체하지 말 것

〈출처: 대학생을 위한 머니 닥터, 금융감독원〉

◐ 자신의 재정상태를 점검하라

"돈을 모으기 위해서는 현재 나의 재정상태를 꼼꼼하게 점검하는 것이 필요하네. 내가 어디에 얼마의 돈을 쓰면서 살고 있는지를 정리해 봐야 불필요하게 낭비되고 있는 돈은 없는지 알 수 있고 낭비를 줄일 수도 있겠지."

"아~ 그렇군요. 사실 대략 돈을 어디에 쓴다고 생각은 하고 있지만 막상 내가 구체적으로 돈을 어디에 얼마를 쓰는지는 생각해 보지 않은 것 같습니다."

"대부분의 사람들이 그러니 너무 낙담할 필요는 없네. 자, 우선 3달간의 통장 거래 내역과 카드사용 내역서 그리고 기타 고지서 납부 내역들을 준비하게. 그리고 내역을 주~욱 적어 내려가는 거야.

그런 다음 사용 내역들을 저축, 보험료, 통신비, 식비, 관리비, 공공요금, 교통비, 교육비, 부모님 용돈, 아내 용돈, 내 용돈 기타 등등 이렇게 그룹 별로 정리하는 거지. 정액 납부하는 비용은 납부 실비로 기록하고, 식비처럼 들쑥날쑥한 항목은 한도 개념으로 설정을 하면 되네.

이렇게 하고 나면 나의 수입과 지출을 한눈에 알아볼 수 있게 되고 각 항목별 지출을 통제할 수 있게 되겠지. 어디 그뿐인가 나의 저축 여력을 정확히 확인하고 그에 맞게 저축 계획을 수립할 수도 있게 되지."

　재정참모는 다이어리에서 자신의 재정상태 점검표를 꺼내 보이며 설명을 한다.

재정참모의 재정상태 점검(예)

※ 형식에 얽매이지 마세요.

• 월급 현황

(단위: 원)

구분	평달	1월	2월	7월	9월
평달 급여액	4,263,640	4,263,640	4,263,640	4,263,640	4,263,640
정근수당(50%)		1,385,700		1,385,700	
명절수당(60%)			1,662,840		1,662,840

* 소령 9호봉, 3자녀, 연중 호봉승급으로 인한 급여인상은 미고려

• 평달 실수령액(a)=급여액-공제액(세금, 건강보험료)=3,746,270원

• 고정 지출현황/계획(현금 흐름표 1)

(단위: 원)

구분	현재	계획	비고(절약 방법)
보험료	500,000	250,000	보험 리모델링
통신비	150,000	150,000	
전기,가스,관리비	250,000	250,000	
부모님 용돈	200,000	200,000	
내 용돈	500,000	100,000	부식비 등 수당으로 충당, 불필요한 저녁모임 자제
아내 용돈	300,000	200,000	소비 최소화
식비 등 생활비	700,000	700,000	
기부금	70,000	70,000	
교통비	200,000	100,000	대중교통 이용
교육비	400,000	300,000	방과 후 수업 등 활용
계(b)	3,270,000	2,320,000	
저축여력(c=a-b)	476,270	1,426,270	1년에 약 1,800만원(d) 저축 가능

- 불규칙한 소득/지출(현금 흐름표 2)   (단위: 원)

구분	소득	지출	비고
정근수당	2,771,400		
명절휴가비	3,325,680		
성과상여금(대략)	3,500,000		
연가보상비(대략)	500,000	비상 여유자금으로 운용하다 일정규모 이상 쌓이면, 투자자금으로 전환
자동차보험료		200,000	
명절비용		600,000	
가족 기념일		500,000	
기타		500,000	
계	10,097,080	1,800,000	1년에 약 800만원(e) 저축 가능

- 연간 저축 가능액(f): 1,800만원(d)+800만원(e)=2,600만원

- 재산현황(재정상태표, 약식)   (기준:' 13.11.30, 단위: 원)

자산		부채 / 순자산	
보통예금(급여통장)	원금	주택관련 부채	현재 잔액
CMA	원금	자동차 부채	현재 잔액
정기적금(청약저축 포함)	원금	신용카드 대금	현재 미납액
정기예금	원금		
적립식펀드	현재 평가액		
변액유니버셜 보험	현재 평가액		
군인공제	현재 이자포함	총부채(b)	
		순자산(c=a-b)	
총자산(a)		총부채+순자산	

"참모님 설명을 들으니 저도 빨리 만들어 봐야겠습니다. 저 스스로도 저의 현금 흐름이 어떤지 정확히 알고 싶어집니다."

Tip

내가 부자 될 가능성은?

· 순자산 기대치(X)=(나이×세전 연간 총소득)÷10
· 현재 나의 순자산(Y)
  * $Y \geq 2X$: 엄청난 부를 축적한 사람
  * $Y \leq \frac{1}{2}X$: 기대 이하의 부를 축적한 사람

〈출처: 이웃집 백만장자, 토마스 J.스탠리〉

 "자신의 재정상태에 대해 점검이 되었다면 이제 부자가 되기 위한 다짐을 하게."

 "다짐이요? 좀 거창하게 들리네요."

 "서두에 부에 대한 기준은 개인마다 다르다고 했지? 하지만 그 기준이 높고 낮고를 떠나서 **자신의 재정 목표를 달성하는 것은 쉽지가 않다네. 왜냐하면 돈을 모은다는 것은 지출 통제를 위한 인내와 학습을 위한 노력이 필요한데, 굳은 의지가 없다면 지속할 수 없기 때문이지.**"

 "작심삼일이 될 수 있다는 말씀이군요?"

 "그렇다네."

 "그럼 다짐은 어떻게 하면 되나요? 다짐을 써서 책상에 붙어둘까요? 아니면 서약서라도 쓰면 되나요?"

 "하하하. 그건 너무 보여주기 식인 것 같은데. 부자가 되기 위한 다짐은 나 스스로에게 하는 것이니 너무 형식에 얽매일 필요는 없다네. 나는 부자가 왜 되고 싶은지, 부자가 되기 위해 어떤 노력을 할 것인지를 정리해서 다이어리에 끼워 놓게. 그리고 하루에 한 번씩 되뇌며 다짐을 하면 되네."

부자가 되기 위한 다짐(예)

- 부에 대한 철학: 부자이기 때문에 행복한 것이 아니라, 행복하기 때문에 부자이다. 고로 행복한 부자가 되자.

- 부자가 되고 싶은 이유: 내가 구상하는 삶을 살기 위해. 그리고 모든 것으로부터 자유로워지고 싶어서.

- 나의 재정 목표: 중산층의 여유로운 노년 생활, 완벽한 경제적 독립
  * 연금 제외하고 10억 모으기

- 재정목표 달성을 위한 다짐
  - 경제관련 지식습득을 위해 노력한다.
  - 계획에 없는 지출은 하지 않는다.
  - 가족들과 재무대화를 한다.
  - 잘 모르는 투자 권유에 응하지 않는다.
  - 군 복무에 충실하여 나의 가치를 인정받는다.

〈요약〉 4장 나의 재정상태 점검하기

★ 사고 싶은 걸 사는 게 아니라, 필요한 것을 사라.

★ 신용카드보단 체크카드를 써라.

★ 재무상태를 평가하고 개선하라.

★ 부자 되기 위해선 인내와 노력이 필요하다.

5장 재테크의 기본 - 지출 통제

> 가지고 싶은 것은 사지 마라. 꼭 필요한 것을 사라
> - 벤자민 플랭클린 -

● 종잣돈이 모이기 전엔 수익률 대신 지출 통제에 집중하라

"종잣돈이 없는 사람들일수록 투자 시 기대 수익률은 더 높은 거 아나?"

"예? 그건 또 무슨 말씀이신지요? 종잣돈이 있는 부자들이 자금 여력도 있어 투자기회도 많을 텐데요, 그래서 종잣돈을 모으고 난 후에 투자를 하라고 쓰여 있는 걸 책에서도 봤습니다."

"그렇지. 맞는 말일세. 내가 얘기하고 싶은 건 자금 규모에 따른 투자 기회를 얘기하는 것이 아니라, 수익률에 대한 민감도를 얘기하는 걸세."

"수익률에 대한 민감도요? 그건 처음 들어보는 표현인데요."

"자네 은행에서 가끔 시중 일반상품 금리보다 1% 정도 높은 특판 예금 상품을 판매한다는 기사 본 적 있나?"

"예, 종종 뉴스에서도 본 것 같습니다."

"그럼 특판 예금이 판매 수일 내로 다 판매되었다는 뉴스도 본 적 있나?"

"대부분이 그랬던 것 같습니다."

"그 많은 특판 예금을 누가 다 산다고 생각하나?"

"그야 돈 굴릴 데 없는 사람들이 사겠지요. 안정적인 걸 좋아하는 사람들."

"그것도 틀린 말은 아니지. 1%라는 가산금리는 서민들에게는 큰 게 아니네. 5천만 원 예금에 1% 가산금리라 해봐야 1년에 50만원이니 별로 매력을 못 느끼지. 하지만 50억을 예금하는 사람이라면 어떻겠나?"

"50억에 1%라면 5,000만 원. 헉, 엄청난 금액이네요."

"그냥 어느 은행에 넣느냐에 따라 5,000만 원이 왔다 갔다 한다면 자금이 움직이겠지? 은행들이 특판예금을 판매하는 목적이 그거라네. 은행들이 경영상 자금유치가 더 필요한 시기에 특판 상품이 많이 나오는 이유이기도 하고."

"그렇군요. 그래서 **부자들이 수익률에 대한 민감도가 높다**고 말씀하시는 거군요."

"그래. 자금이 많지 않은 서민들 입장에서는 1년에 50만 원이 아니라, 1천만 원 투자해서 2천만 원으로 불리는 마술 같은 상품

을 갈망할 수밖에 없지. 그래야 빠듯한 주머니 사정에 숨통이 트일 테니.

근데 안타깝게도 그런 높은 기대치 때문에 **허황된 투기 유혹에 빠져서 그나마 있는 자금마저 잃는 경우가 비일비재**하니 안타까운 거지."

"맞습니다. 제 주위에도 어렵게 모은 돈을 수익률 좋다는 말만 믿고 상가 분양을 받았다가 낭패를 본 분이나, 남들 다 한다고 펀드에 넣었다가 2008년 금융 위기 때 반 토막 나서 어쩔 줄 몰라 하는 분들을 여럿 봤습니다."

"음, 나 역시 그런 안타까운 사례를 자주 목격한다네. 그래서 아직 부자가 아닌 우리는 기대 수익률에 대해 목표를 낮게 잡을 필요가 있네. 없는 돈에 수익률 몇 퍼센트라도 더 받으려고 고민해 봐야 큰 도움도 안 되니까.

1천만 원에 수익률 5%든 10%든 그 차이는 1년에 50만 원밖에 안 되네. 1년에 50만 원이라는 돈은 크다면 크지만, 우리가 일상생활에서 낭비하는 돈만 줄여도 충분히 만회할 수 있는 액수라네. 특히 술 한 번 기분 내고 마시고 수십만 원 흔쾌히 신용카드 긁으면서 수익률 높은 상품 찾는 젊은 친구들 보면 안타까운 생각이 드네."

"결론은 수익률보다 지출 통제에 집중하라는 말씀이군요."

"정확히는 **종잣돈이 모일 때까지는 안정되게 저축하고 수익률 고민할 시간에 씀씀이를 줄일 고민을 하라**는 얘기지."

금연 재테크(예)

- 디스 플러스를 하루 한 갑 피우는 사람이 금연할 때의 경제적 효과

1일:	2,100원	호떡
1주:	14,700원	피자 한 판
1달:	63,000원	인터넷 강의 수강료
1년:	756,000원	온가족 여름휴가 경비
5년:	3,780,000원	결혼 5주년 기념 일본 여행
10년:	7,560,000원	결혼 10주년 기념 유럽 여행
20년:	15,120,000원	자녀 대학 입학등록금/생활비(2명)
30년:	22,680,000원	자녀 결혼식 비용

* 투자 시 수익률 미고려

- 술자리 모임을 줄임으로써 얻는 경제적 효과: 각자 계산해 보세요.

지출 통제가 갖는 수익률

- 이자율 3% 적금상품에 매월 100만 원 불입하던 박 대위가, 술값, 담뱃값 절약하여 매월 10만 원 추가 저축했을 때 수익률 비교

구분	전	후	차이
저축액	1,000,000	1,100,000	100,000
1년간 원금 불입액(a)	12,000,000	13,200,000	1,200,000
만기 이자(b)	195,000	414,500	219,500
만기 수령액(c=a+b)	12,195,000	13,614,500	1,419,500
12,000,000원에 대한 수익금 (d=c-12,000,000)	195,000	1,614,500	1,419,500
12,000,000에 대한 수익률 (d/12,000,000*100)	1.625%	13.454%	
[1] 적금 환산 이자율	3%	21.8%	

[1] 최초 조건과 같은 100만 원씩 저축하면서도 110만 원씩 저축해서 받게 되는 만기수령금과 같은 13,614,500원을 받기 위해서는 적금이율이 21.8% 여야 한다는 의미임.

* 적금 이자는 불입하는 시점에 따라 이자가 달라짐.(가입기간 1.1~12.31)

  1월 불입 100만 원의 이자: 1,000,000*3%*12/12개월=30,000원

  12월 불입 100만 원의 이자: 1,000,000*3%* 1/12개월=2,500원

지출 통제로 종잣돈 마련과 행복을 동시에 잡아라

"근데 종잣돈이 모일 때까지라고 하셨는데 얼마를 종잣돈이라 생각해야 합니까?"

"하하하, 그거야 사람마다 다르지. 이건 내 개인적인 생각인데, 내가 모으고자 하는 재정 목표액의 10분의 1 정도가 종잣돈이 아닐까 생각되는데. 내 목표액이 10억이라면 1억이 종잣돈이 되겠지. 이 정도 금액이면 투자를 할 대상도 폭넓게 선택할 수 있을 테니. 특히 1억을 들고 은행이나 증권회사에 찾아가면 귀한 대접받으며 투자 상담을 받을 수 있을 테니 종잣돈이라고 할 만하지."

"제가 만약 연금을 제외하고 8억의 재정 목표를 세운다면 8천만 원이 종잣돈이 되는 거군요?"

"그렇다고 할 수 있지. 근데 그건 너무 주관적이라 그냥 내 개인적인 생각이라고 참고만 해 주게."

"알겠습니다."

"지출을 통제하면 돈이 빨리 모이는 즐거움에 더해, 생활이 건전해 지는 좋은 점도 있네."

"생활이 건전해진다?"

"재정상태 점검표를 만들 때 항목별 한도를 정한다고 한 거 기억하지? 자네 한 달 용돈을 20만 원으로 책정을 했다고 가정하

면 거하게 술 마시고 즐기는 것은 애초에 힘들어지겠지. 어디 돈 많은 친구가 술을 사주면 몰라도.

내 경험으로는 불필요한 술자리는 지양하게 되고 만나더라도 건전하게 식사하는 정도로 하게 되더라고. 술자리가 줄어드니 당연히 시간적 여유가 생기고, 맑은 정신을 유지할 수 있지.

이렇게 남는 시간에 재테크에 대한 학습도 하고 가족과 함께하는 시간도 늘릴 수 있으니 생활이 건전해진다고 할 만하지. 아이들도 아빠를 더 좋아하게 될 것이고, 아내한테도 더 많은 사랑 받을 수 있을 걸세."

"아, 정말 재무계획이 인생계획이라더니 지출 통제만 잘해도 라이프스타일이 바뀌고, 보다 행복해질 수 있군요!"

- 행복헌장 10계명

1. 운동을 하라.

2. 좋았던 일을 떠올려보라.

3. 대화를 나누라.

4. 식물을 가꾸라.

5. TV시청 시간을 반으로 줄이라.

6. 미소를 지으라.

7. 친구에게 전화하라.

8. 하루에 한 번 유쾌하게 웃으라.

9. 매일 자신에게 작은 선물을 하라.

10. 매일 누군가에게 친절을 베풀라.

〈출처: 행복전문가 6인이 밝히는 행복의 심리학, 리즈 호가드〉

- 사하르 교수의 행복 6계명

1. 인간적인 감정을 허락하라.

2. 행복은 즐거움과 의미가 만나는 곳에 있다.

3. 행복은 사회적 지위나 통장잔고가 아닌 마음먹기에 달려 있음을 잊
   지 말라.

4. 단순하게 살라.

5. 몸과 마음이 하나라는 것을 기억하라.

6. 기회가 있을 때마다 감사를 표현하라.

〈사하르 교수: 하버드대학에서 행복학 열풍을 일으킨 '긍정심리학' 강사〉

〈요약〉 5장 재테크의 기본 - 지출 통제

★ 재무설계는 인생설계다.

★ 종잣돈이 모일 때까지는 수익률은 잊고. 아껴 쓰기에 집중하라.

★ 지출 통제로 생활을 통제하라.

★ 행복한 라이프스타일을 만들어라.

6장 연말정산도 재테크다

연말정산은 13월 급여다

연말정산이란?

- 매월 급여 지급 시 간이과세표에 따라 소득세·주민세를 원천징수한 후, 다음 연도 초에 개인별 각종 소득공제(인적공제, 카드공제, 의료비공제 등) 내역을 확인하여 실제 납부해야할 세금을 산정한 후,

- 더 낸 세금은 돌려주고, 덜 낸 세금은 추가로 징수하는 것

- 연말정산 환급/추가 징수일: 다음연도 3월 급여 지급일

"올 초에 연말정산 환급은 많이들 받았나? 난 30만 원 받았네. 개인적으로 자녀가 한 명 더 생겨서 작년보다 많이 받았는데, 박 대위는 어떤가?"

"저도 30만 원 정도 받았던 것 같습니다. 참모님은 계급에 비해 너무 적게 받으신 거 아닙니까? 연말정산에 대해서도 잘 아실 텐데. 대대 주임원사는 200만 원 가량 환급받았다고 들었습니다."

"하하하, 내가 연말정산을 잘못했다는 애기를 하고 싶은 건가? 연말정산은 자신이 매월 급여에서 납부한 세금을 한도로 돌려받을 수 있는 거네.

세금을 환급받기 위해서는 각종 소득공제 및 세액공제를 받아야 하는데, 해당 항목과 관련하여 돈을 많이 쓴 사람이 더 많은 소득공제 혜택을 받게 되어 있지. 다시 말해 **환급액이 많다는 것은 지출이 많다는 애기와 일맥상통하는 것이지.** 아마 주임원사의 경우 자녀가 대학교에 다녀서 교육비 공제를 많이 받아서 그럴 걸세."

"감이 옵니다. 참모님께서는 지출 통제를 강조하는 분이시니 소비를 많이 안 하셨을 테고, 그래서 소득공제 혜택을 많이 못 받으신 거군요?"

"그런 요인이 크지. 예를 들어 카드공제는 급여총액의 25%를 초과하여 사용한 금액에 일정 요율을 곱하여 소득공제를 해주는데, 내 연봉이 대략 5,000만 원이니 카드를 1,250만 원 이상 사

용해야 소득공제를 받을 수 있다는 계산이 나오지. 근데 자동이체 되는 경비를 제외하면 내가 1년 동안 쓰는 돈이 1,000만 원이 안 되네. 그러니 당연히 난 카드공제 혜택은 받을 수가 없는 거지. 교육비공제의 경우는 내 아이들이 아직 어려 교육비로 지출되는 돈이 얼마 안 돼서 그렇고."

"지출 통제와 연말정산은 양립할 수 없는 거군요?"

"꼭 그렇지는 않네. 연말정산이라는 것이 지출(카드, 보험, 교육비, 의료비 등)하고 연관된 것만 있는 것은 아니니까.

부양가족 수에 따라 소득을 공제해 주는 인적공제나 주택청약저축공제, 연금저축공제 등도 있으니, 개인이 처한 상황에 따라 적절히 활용하면 환급액을 늘릴 수 있다네."

"참모님, 자랑은 아니지만 저는 소비를 많이 하는데 왜 환급액이 적은 겁니까? 신용카드도 누구 못지않게 많이 썼는데."

"그건 차 하사가 납부한 세금 자체가 얼마 안 되기 때문이네. 월급이 얼마 안 되니 세금을 조금 내는 거지. 서두에 **연말정산은 매월 급여에서 미리 납부한 세금을 한도로 돌려받을 수 있다**고 하지 않았나.

아무리 소득공제 항목에 해당하는 지출을 많이 했더라도, 기납부 세액(매월 급여에서 나간 세금)을 초과해서 환급받을 수는 없는 거지.

하지만 월급이 오를수록 매월 급여에서 원천징수 되는 세금이 많아지고, 그럴수록 연말정산의 위력은 커지게 되네. 아까 주임원사가 200만 원 환급받은 사례에서 보듯이, 연말정산은 보너스 급여와도 같다네. 그러니 **당장 환급받을 수 있는 한도가 높지 않더라도 미래를 위해 꾸준히 관심을 갖고 준비하기 바라네.**"

놓친 연말정산, 추가로 하는 방법

- 전년도 연말정산: 5월 종합소득세 확정 신고
  * 국세청 홈텍스(www.hometax.go.kr), 누구나 쉽게 가능
- 2~6년(5개년) 전 연말정산: 경정청구 / 고충민원신청
  * 납세자 연맹 업무대행(www.koreatax.org)
  * 시간적 여유가 있다면 직접 할 수도 있음. 조금 번거로움.

 얼마나 환급받을 수 있나?

 "참모님, 연말정산이 내가 이미 납부한 세금을 한도로 돌려받는 다는 것은 이해했습니다. 근데 소득공제 100만 원을 받더라도 실제로 제가 환급받는 돈은 얼마 안 되는 것 같습니다.

각종 소득공제 항목을 다 더해보면 못해도 500만 원 이상은 되는데 30만 원밖에 환급을 못 받은 게 이해가 가지 않습니다.

연말정산 내역서에 최종 결정세액(세금 부과액)보다 기납부세액(이미 납부한 세금)이 30만 원 이상 많은 걸 보면 제가 추가로 환급받을 수 있는 여지는 있었다는 뜻인데 말입니다."

"많은 사람들이 헷갈리는 부분이지. 우선 세액공제와 소득공제의 차이를 이해해야 하네. 세액공제는 부과해야할 세금에서 직접 세금을 빼 주는 것인 반면, 소득공제는 공제되는 만큼을 과세대상 소득에서 제외해준다는 의미지.

쉽게 말해 100만 원 세액공제면 100만 원을 돌려받을 수 있지만, 100만 원 소득공제이면 100만 원에 세율을 곱한 금액만큼만 환급받을 수 있는 것이지. 세율이 10%라면 10만 원만 환급받는 거지."

 "아, 제가 소득공제와 세액공제의 개념을 잘 몰라서 생긴 오해군요?"

- 소득세율 (2013년 기준)

과세표준 (총급여 - 각종 소득공제)	기본세율
1,200만 원 이하	과세표준의 6%
4,600만 원 이하	72만원 + 1,200만 원 초과금액의 15%
8,800만 원 이하	582만원 + 4,600만 원 초과금액의 24%
3억 원 이하	1,590만원 + 8,800만 원 초과금액의 35%
3억 원 초과	9,010만원 + 3억 원 초과금액의 38%

- 주민세율: 소득세의 10%

- 계산 예시

  - 가정: 총급여 5,000만 원, 각종 소득공제 2,000만 원인 사람이,
    100만 원의 기부금 공제를 추가로 신청함.

  - 과세표준 산정: 총급여(5,000만 원)-각종 소득공제(2,100만 원)=2,900만 원

  - 세율: 과세표준 4,600만 원 이하이므로 15% 적용

  - 환급 소득세(a): 추가 공제액(100만원)×15%=15만 원

  - 환급 주민세(b): 환급 소득세(15만원)×10%=1.5만 원

  - 총 환급세액(a+b): 16.5만 원

연말정산도 전략이 필요하다

 "연말정산을 직접 계산하는 것은 매우 복잡한 과정이네. 연말정산이 전산화가 이루어지지 않던 시절에는 수기로 환급액을 계산하기도 했는데, 1건당 1시간 정도의 시간이 걸렸었지. 요즘이야 국세청 홈페이지에서 자동계산 프로그램도 이용할 수 있고, 우린 국군재정관리단 홈페이지에 있는 급여포탈 연말정산 프로그램에서 연말정산 입력 결과를 바로 확인할 수 있지."

 "맞습니다. 저희 어머니 말씀 들으니 예전에는 1년간 사용한 영수증을 다 모아서 제출했다고 하더라고요. 요즘은 국세청 연말정산 간소화 서비스에서 한 번에 출력할 수 있는데. 어디 그뿐입니까? 아예 출력도 안 하고 파일로 다운받아 연말정산 프로그램에 업로드할 수도 있으니, 그야말로 누워서 떡 먹기지요."

 "그래, 박 대위 말대로 절차는 매우 간단해졌지. 하지만 내용에 있어서는 여전히 어렵지. 매년 세법이 개정되어 공제되는 항목과 공제액이 달라지니 전문가들조차도 헷갈려 하지."

 "맞습니다. 특히 카드 관련된 내용이 자주 바뀌는 것 같습니다."

 "그래. 카드 공제는 자영업자들의 소득을 노출시킬 목적으로 도입되었고 국가의 세입 증대에 지대한 기여를 하였지만, 무절제한 카드사용으로 신용불량자를 양성하는 등 사회적 문제도 야기했었지. 이제 신용카드 공제한도는 줄이고, 통장잔고 범위 내

에서 사용하는 체크카드의 공제한도는 유지하여 체크카드 사용을 유도하는 정책을 쓰고 있는 것이지. 이런 추세는 당분간 지속될 것으로 생각되네."

"이렇게 자꾸 바뀌는 세법에 어떻게 하면 잘 적응하고 조금이라도 세금을 더 환급받을 수 있습니까?"

"좋은 질문이네. 하지만 **답은 역시 꾸준한 관심과 학습**이네. 매년 7~8월경이면 세법 개정한다는 보도가 나오는데, 이는 다음 연도에 적용되는 내용들이니 미리 알아 두고 전략을 세우면 되겠지. 신용카드보다 공제율이 높은 체크카드를 사용한다거나, 연말정산 절세 혜택이 있는 금융상품에 가입하는 것 같은 방법 말일세."

"잘 알겠습니다. 근데 전 연중에 발표되는 세법 개정안이 다음 연도에 적용되는 사항이란 걸 모르고, 올해 적용되는 걸로 생각해서 헷갈린 적이 많습니다."

"왜 아니겠나. 나도 가끔 그런다네. 또 정부에서 발의를 해도 국회 논의 과정에서 내용이 변경될 수 있으니 최종 결과를 반드시 확인해야 하네."

- 연말정산 과다 공제자 점검: 국세청은 '연말정산 소득공제 분석 프로그램'을 통해 과다 공제자를 전산 추출하고, 허위 기부금 공제자 추출을 위해 '기부금 표본조사'를 실시(적발 시 가산금 부과, 고발조치)

- 주요 오류 유형
- 소득금액 100만 원(총급여 500만원) 초과하는 부양가족 공제
 * 배우자의 연간 총급여가 500만 원 넘으면 공제하면 안 됨.

- 부양가족 중복공제: 맞벌이 부부가 자녀를 중복공제, 형제자매 간 부모님을 중복 공제

- 형제자매가 부모님 의료비를 나누어 공제
 * 부모님을 부양하는 1명만 공제 가능

- 기부금 과다공제: 허위 또는 과다하게 작성된 기부금 영수증 제출

- 신용카드 중복공제: 맞벌이 부부가 자녀가 사용한 금액을 중복 공제

〈출처: 원천징수의무자를 위한 연말정산 신고안내, 국세청〉

Tip

맞벌이 부부 연말정산 전략

· 일반적인 경우, 과세표준이 높은 사람이 몰아서 공제받는 것이 유리
 * 과세표준이 비슷할 경우 적절히 분배하는 게 유리한 경우도 있음.
 * 의료비(총급여의 3%), 신용카드(총급여의 25%)는 정해진 요율 이상 사용해야 공제가 됨으로, 총급여가 적은 사람이 지출하는 것이 유리할 경우도 있음.

〈요약〉 6장 연말정산도 재테크다

★ 연말정산은 내가 낸 세금을 돌려받는 거다.

★ 놓친 연말정산, 추가로 할 수 있다.

★ 지출 규모에 비해 환급액이 작을 수도 있다.

★ 매년 바뀌는 세법, 꾸준한 관심이 답이다.

7장 재무계획 세우기

인생계획을 세워 살아가는 3%는 크게 성공을 거두었고,
계획 없이 살아간 사람은 평범하게 살고 있었다.
- 하버드대학 연구결과 -

재무설계로 인생을 설계하라

재테크와 재무설계의 차이

- 재테크: 돈을 모으는 것 자체가 목적

- 재무설계: 특정 시기에 필요한 자금을 용도별로 정하고, 계획에 따라 해당 자금을 모으는 것이 목적

〈출처: 생활금융, 금융감독원〉

"나에게 재테크에 대해서 묻는 사람들이 많이 있는데, 대부분이 어떤 마술같이 단기간에 큰돈 벌 수 있는 방법은 없는지를 진정성 없이 물어보는 경우가 대부분이지. 그럴 때면 난 이렇게 대답한다네.

2시간 이상 내 얘기를 들을 준비가 되어 있을 때 찾아오라고. 그리고 단편적인 금융 상품들에 대해서는 시중에 범람하는 재테크 관련 서적을 사서 보면 된다고 말이야. 사실 난 그러한 책을 쓴 저자들만큼 경험이 많지도 지식이 많지도 않거든."

"그러시겠지요. 재정참모님이야 본업이 예산업무지 재테크는 아니지 않습니까. 근데 2시간 이상을 말씀하시는 특별한 이유가 있습니까?"

"박 대위가 오늘 나랑 얘기를 시작한 지 벌써 1시간 가까이 지났네."

"아 정말 벌써 시간이 그렇게 됐네요. 책이나 초빙강연에서 들을 수 없었던 내용을 새로운 시각으로 말씀해 주시니, 시간 가는 줄 모르고 들었습니다."

"그렇게 얘기해 주니 고맙군. 재테크 아니 **재무설계는 인생을 설계하는 것과 다를 게 없네**. 그러니 설명이 길 수밖에 없지."

"인생을 설계한다!"

"요즘 TV 뉴스에서 가장 많이 나오는 얘기가 뭐라 생각하나?"

"뉴스에 많은 관심을 두고 살지는 않지만, 뭐 청년 실업문제, 일자리 창출 문제, 서민경제 활성화 아니겠습니까?"

"그렇지. 결국 사람이 살아가는데 가장 필요한 것이 먹고사는 문제이니 그럴 수밖에. 국가적으로는 경제가 순탄해야 세입도 늘고, 그래야 정책을 안정적으로 이행할 수 있겠지, 국방력 증강을 포함해서 말이야.

개인으로 봤을 때도 수입이 넉넉해야 자녀 교육도 시키고 여가 생활도 즐기며 안정된 삶을 살 수 있겠지."

"맞습니다. 사실 살면서 겪는 모든 고민과 문제들이 결국 돈 문제와 연관이 안 돼 있는 것이 없는 것 같습니다."

"그래, 직접적이지 않더라도 간접적으로라도 연관이 되어 있지. 그래서 제대로 된 재무설계를 하기 위해서는 우리 인생 전반에 대한 설계가 먼저 이루어 져야 하는 것이지."

재무설계 프로세스

구분	내용
1. 재무목표 세우기	성공적인 인생을 살기 위해서는 계획이 있어야 하고, 계획을 수립하기 위해서는 목표가 있어야 합니다.
2. 재무상태 분석하기	자신의 '재무상태표' 와 '현금 흐름표' 를 작성합니다.
3. 전략수립/실행하기	어떻게 얼마를 모아야 할지를 결정하고 실행합니다.
4. 점검하기	자신의 재무상태표를 기반으로 가입하고 있는 상품의 성과를 점검해야 합니다.

〈출처: 생애주기별 금융생활 가이드 북(미혼기 편), 금융감독원〉

결혼도 계획이 필요하다

진 중위는 대학 때부터 사귀던 남친과 5년째 교제 중이다. 대학 졸업 후 은행에 다니다, 여고시절부터 꿈이었던 군인이 되고자 뒤늦게 여군에 지원했다. 사실 이때부터 남친과 의견충돌이 생기기 시작했다.

남친은 진 중위가 여군이 되는 것을 탐탁지 않게 생각했던 것이다. 군인은 잦은 인사이동을 해야 하니, 민간 기업에 다니는 자신 입장에서는 아내와 별거 생활을 해야 한다는 걱정 때문이었다.

결혼 후 금전관리에 대해서도 두 사람은 생각이 다르다. 두 사람의

소득을 자신이 함께 관리해야 한다고 생각하는 진 중위와 달리, 남친
은 각자 번 돈은 각자 관리하기를 바란다.

"차 하사는 사귀는 사람이 있나?"

"교제하는 사람이 있기는 한데, 아직 결혼까지 생각하는 단계
는 아닙니다."

"잘 됐군. 결혼이야 언젠가는 할 것이고 사귀는 사람이 있다면
결혼 비용이나 결혼 후 재무관리에 대해서도 생각을 미리 정리
할 필요가 있지."

"참모님, 언론에 보도되는 걸 보면 결혼비용이 제가 생각하는
것보다 훨씬 많이 필요하던데, 어떻게 준비해야 할지 모르겠습
니다."

1인당 결혼비용

- 최소 334만 원, 최고 3억 3,650만 원, 평균 5,198만 원(주택마련 제외)
- 남성 평균 5,414만 원, 여성 평균: 4,784만 원

〈출처: 한국소비자원, 결혼당사자와 혼주 1천명 대상 설문조사, 연합뉴스 2013.10.22〉

"나도 뉴스보고 많이 놀랐네. 남녀 합해 평균 1억을 쓴다고 하
더군. 그것도 집 관련된 비용은 빼고서 말이야. 솔직히 난 아내
와 합처서 계산해도 천만 원 밑으로 들었던 것 같아. 물론 축의
금으로 충당한 뷔페 값은 빼고. 박 대위는 얼마나 들었나?"

"글쎄요, 계산을 정확히 안 해 봐서 모르겠지만, 5천만 원 이상은 쓴 것 같습니다. 신혼이라 살림살이도 TV, 냉장고, 에어컨, 침대 등 모두 나름 비싼 걸로 장만했거든요. 예물, 예단도 많이 들었던 것 같고. 그리고 일생에 한 번 하는 결혼인데 후지게 하고 싶지 않아서 아내 드레스도 고급으로 빌려 입었고, 웨딩촬영도 제일 비싼 걸로 했던 것 같습니다."

"그래. 박 대위 말대로 결혼은 일생에 한 번 하는 인생의 중대사지. 그러다 보니 남들의 눈도 의식하게 되고, 스스로도 어차피 한 번인데 하는 생각에 최고로 하고 싶은 욕심이 드는 게 사실이야. 하지만 우스갯소리로, 결혼하고 나서 가장 먼저 후회되는 게 '내가 왜 결혼했을까'고 두 번째가 결혼할 때 돈 많이 쓴 거라고 하더군."

"첫 번째는 공감이 갑니다. ㅋㅋ. 그런데 두 번째는 이해가 가지 않습니다. 그래도 남들 보기에 폼 나게 결혼하면 좋은 거고, 살림살이야 계속 쓰면 되는 건데."

"대부분의 신혼부부들이 그렇지만, 군인은 특히 이사를 자주해야 하네. 그러다 보니 비싼 신혼살림 금방 망가지기 일쑤고, 비싼 돈 주고 찍은 웨딩사진 첩은 1년에 한 번 볼까 말까이니 돈이 아까울 수밖에. 특히 살다 보면 돈 들어 갈 일이 좀 많은 줄 아나! 예전에 CF광고 중에 '낭만은 짧고 생활은 길다'라는 카피도 있었지만, 결혼하고 나면 돈 들어 갈 일이 더 많아지니, 결혼할 때 기분 내고 돈 많이 쓴 게 후회 될 수밖에."

"그래도 남들 하는 만큼은 해야 부모님 맘도 편할 것 같습니다. 부담되는 결혼 비용 걱정을 덜 수 있는 방법은 없습니까?"

결혼비용에 걱정이 많은 진 중위가 초조한 듯 묻는다.

"계획을 세워야지. 아무리 아끼더라도 목돈이 들어가는 건 분명하니, 미리미리 준비를 해야겠지. 결혼 연령이 갈수록 늦어지는 이유 중 하나도 결혼비용이 없어서라는 얘기도 있더군. 우선 결혼비용을 얼마나 쓸지에 대해서는 배우자 될 사람과 의논을 해야 정확한 견적이 나오니, 설문조사 결과에 나온 평균 결혼비용을 기준으로 준비를 하면 되겠지. 진 중위는 내년에 결혼을 한다고 했으니 아직 1년 이란 시간이 남았군. 지금 모아놓은 돈은 얼마나 되나?"

결혼을 안 하는 이유

- 남자: 경제적 이유(40.4%), 결혼하기 이른 나이여서(27.5%), 마땅한 사람을 못 만나서(11.2%)
- 여자: 결혼하기 이른 나이여서(31.6%), 경제적 요인(19.4%), 마땅한 사람을 못 만나서(14.4%)

〈출처: 전국 결혼 및 출산 동향 조사, 한국보건사회연구원, 2012.2.〉

"임관 전에 은행 다니면서 모아 놓은 천만 원과 임관 후 지금까지 2천5백만 원, 합해서 3천5백만 원이 있습니다."

"그럼 여론조사 결과에 나온 평균 비용 5천만 원이 되려면 1천5백만 원이 더 필요하고, 1년 동안 한 달에 125만 원 꼴로 저축을 해야 한다는 계산이 나오는군. 빠듯하기는 하지만 노력하면 충분히 가능한 액수라고 생각하는데, 진 중위 생각은 어떤가?"

"쏨쏨이를 줄이면 할 수 있을 것 같습니다. 결혼 앞두고 피부관리도 해야 하긴 하지만. 호호."

"그래, 신부수업도 해야 하고 돈 쓸 일이 많겠지만 열심히 모아보시게. 차 하사도 앞으로 언제쯤 결혼할지 계획을 세우고 그 시점에 필요한 자금을 지금부터 차근차근 모아야 할 걸세."

"아직 멀게 느껴지는 일이라 실감은 나지 않지만, 비용이 많이 든다고 하니 지금부터 계획 세우고 준비하겠습니다."

미혼기 금융관리 10원칙

1. 빨리 종잣돈을 마련하라.
2. 선 저축 후 지출하라.
3. 통장은 쪼개어 관리하라.
4. 체크카드를 사용하라.
5. 소모성 대출은 최대한 피하라.
6. 신용을 관리하라.
7. 주식 직접투자는 신중하라.
8. 복리를 생각하라.
9. 노후를 준비하라.
10. 자기를 계발하라.

〈출처: 생애주기별 금융생활 가이드 북(미혼기 편), 금융감독원〉

"진 중위는 1년 후 결혼한다고 했으니 상견례도 했을 것 같은데, 그럼 결혼 비용이나 결혼 이후 돈 관리에 대해 신랑 될 사람과 의논은 하고 있나?"

"사실 그게, 남친이 어려서 외국생활을 해서 그런지 결혼비용을 아끼자는 데는 저와 생각이 같습니다. 근데 돈 관리에 있어서 결혼 후에도 서로 간섭하지 말고 각자 관리를 해야 한다고 생각하고 있어 고민입니다. 우리나라 정서상 아내가 돈을 통합해서 관리하는 게 일반적이잖아요. 그리고 통합 관리를 해야 효율적이라고도 들었고."

"결혼 전에 배우자 될 사람과 재무적인 대화를 많이 할 필요가 있네. 물론 시작은 결혼비용이지. 사회적 평균을 따를 것인지, 알뜰하게 아껴서 그 돈으로 결혼 이후를 준비할 것인지 의견을 모아야지.

그리고 서로 의견을 모아 결혼 예산을 구체적으로 수립하고, 수립된 예산 범위 내에서 결혼을 준비하면 비용도 줄일 수 있고 예산에 맞추기 위해 두 사람이 의논해 가는 과정을 통해 연인을 넘어 부부로서의 깊이 있는 관계로 발전할 수도 있지.

결혼비용 문제에 대한 의견이 모아진 후에는, 결혼 이후 돈 관리를 어떻게 할지를 의논해야 하네. 난 개인적으로 돈 관리를 꼭 아내가 해야 한다는 생각에는 동의하지 않네. 두 사람 중 금전관리에 능한 사람이 하는 게 훨씬 효율적이니까. 우리 집은 돈 관리를 내가 하네. 아내가 숫자에 약한 편이거든. 요즘은 진 중위 신랑 될 사람처럼 돈 관리를 각자 하기를 바라는 사람도 많이 있는 걸로 아는데, 중요한 것은 누가 관리하느냐가 아니라 수입과 지출에 대해 얼마나 투명하게 관리하느냐네.

각자 관리하는 것이 각자 마음대로 쓴다는 생각으로 왜곡되면, 씀씀이가 헤퍼져 그야말로 맞벌이 안 하는 것만 못한 결과를 초래할 수도 있네. 하지만 **서로가 얼마를 버는지 그리고 돈을 어디에 얼마를 쓸지를 의논하고 쓴다면, 각자 돈을 관리하더라도 통합 관리할 때와 크게 다르지 않겠지.** 진 중위도 무조건 신랑 통장을 뺏으려고 하기보다는 서로 통장을 공개하고 수입·지출을 공유하는 쪽으로 대화를 하면 좋을 것 같네."

Tip

새내기 부부의 금융관리 5원칙

1. 먼저 저축하고 나머지를 지출하는 습관을 기르자.
2. 주택담보대출 이외의 빚은 모두 갚도록 하자.
3. 가족의 위험에 대비한 보장성보험을 꼭 가입하자.
4. 은퇴를 위한 저축을 시작하자.
5. 통장 나누기와 분산투자를 하자.

〈출처: 생애주기별 금융생활 가이드 북(신혼기 및 자녀출산기 편), 금융감독원〉

자녀 교육의 목표와 계획을 수립하라

 "결혼한 후에는 돈 쓸 일이 많은데, 그중 으뜸은 아이들 육아와 교육일 걸세."

 "맞습니다. 우리나라 사교육비 높기로 아마 세계 1위잖아요. 돌을 갓 지난 아이를 둔 저도 앞으로 내 아이를 잘 교육시킬 수 있을지 걱정이 됩니다.

저희 누나 얘기 들으니 초등학교 2학년인 딸아이에게 들어가는 교육비가 월 100만 원이 넘는다고 하더라고요. 영어, 논술, 피아노, 수영 등 과외로 다니는 과목만 5과목이고, 학교에서 방과 후 수업도 하고 주말에는 웅변도 해야 한대요.

매월 아이한테 드는 비용

- 영아기(0~2세) 85.1만 원, 유아기(3~5세) 102.4만 원

- 초등학생(6~11세) 105.5만 원, 중학생(12~14세) 114.5만 원

- 고등학생(15~17세) 131.1만 원, 대학생(18세 이상) 160.6만 원

〈출처: 전국 출산력 및 가족보건·복지 실태조사, 한국보건사회연구원, 2012.12.〉

안 시키려 해도 남들도 다 그렇게 하고 있어 조카만 처질까 걱정이 돼서 보내게 된다고 하더라고요. 요즘은 놀이터에서 노는 아이들이 없어서 학원에 가야 친구들과 어울릴 수 있다는 얘기

도 들었구요. 저 어릴 때는 놀이터가 다 뭡니까? 그냥 집 밖에 나가면 놀 친구들이 바글바글했는데……."

"박 대위 얘기 들으니, 세 자녀를 기르고 있는 나도 많이 우울해 지는군. 하지만 자녀 교육과 관련해서는 생각을 많이 할 필요가 있어. 우리 학창시절에도 고액과외 하는 친구들은 있었지만, 그런 친구들이 모두 좋은 성적을 내는 건 아니었어. 또 단과 학원 한 번 안 다니고 도서관에서 공부하고도 전교 1등하고 명문대 가는 친구들도 있었고.

결국은 사교육을 얼마나 하나가 중요한 게 아니라 내 아이가 얼마만큼 소화할 수 있냐가 중요한 것이겠지. **자녀 교육과 관련해서는 관련된 책을 좀 많이 읽을 필요가 있어.**

사실 나도 자녀 교육 관련된 책은 최근에야 읽고 있지만, 책을 읽다보면 내가 과거에 아이들에게 잘못했던 부분이 책 속에서 안 좋은 사례로 고스란히 나올 때 정말 쥐구멍에라도 숨고 싶을 만큼 부끄럽고 시간을 되돌리고 싶을 정도로 후회가 되더라고. 내 딴에는 아이들 잘 되라고 한 것들이 결국 내 욕심 채우고 내 화를 못 이겨 성을 낸 경우가 많았거든. 자녀 교육 관련해서 얘기하자면 한도 끝도 없으니, 재정목표 설정과 연관해서만 주제를 한정해서 얘기하겠네."

"예, 그게 좋을 것 같습니다. 세 아이를 기르고 계시니 느끼는 게 많으실 것 같습니다."

"사교육비는 매월 들어가는 고정 지출적인 성격이라, 어느 정도

수준에서 사교육을 시킬 것인지 수준을 결정할 필요가 있어. 학원을 하나 더 보내느냐 마느냐, 어떤 학원을 보내느냐에 따라 매월 지출해야 할 금액에 큰 차이가 발생할 테니."

"참모님, 근데 주변에서 하는 수준은 해야 아이들도 그렇고 부모로서도 위축되지 않고 지낼 수 있지 않겠습니까?"

"글쎄, 난 꼭 그렇지는 않다고 보네. 자녀 교육의 방법에는 학원을 통한 방법도 있지만 부모가 교육하는 방법도 있는 거니까."

"부모가 교육하는 방법이라면 제가 아이한테 과외 시켜주고 그러는 걸 말씀하시는 건가요?"

"아니, 그렇게 했다간 부모나 자녀 모두 스트레스 받아 오래 못 살지, 하하하. 공자님도 자녀 교육에 있어서는 중간 체크 정도만 했지 직접 가르치는 것은 금기시 했다고 하지 않나!"

"그럼, 부모가 하는 교육이란 정확히 어떤 의미입니까?"

"크게 두 가지를 얘기하네. 첫째 모범적인 **모습을 보여주는 것**이네. 예를 들어 아빠가 저녁에 책을 읽는 모습을 보여주고, 아침에 일찍 일어나 공부하는 모습을 보여주면 아이들은 당연히 저렇게 하는 건가 보다 하고 따라하게 되겠지. 이렇게 되면 스스로 독서를 하고 학습을 하게 되니 요즘 말하는 자기주도형 학습자로 성장할 수 있게 되는 것이지.

둘째는 **견문을 넓혀 주는 것**이네. 주말 시간을 활용해서 등산도 함께 하고 박물관이나 미술관 등에 함께 가보게나. 아이들은 자연스럽게 시야가 넓어질 것이고, 아이와 아빠가 함께 하는 시간이 많아져 애착과 교감을 형성하는데도 큰 도움이 될 것이네.
해당분야에 문외한인 상태에서 박물관, 미술관에 간다고 부담
을 가질 필요는 없네. 아이들은 아빠와 함께 그곳에 갔다는 사
실을 가장 중요하게 생각하기 때문에, 그 자체를 소중한 추억으
로 생각할 것이고 이런 추억은 아이의 학습에 큰 도움이 되지."

Tip

아빠 육아의 효과

1. 아빠와의 고유 자극이 두뇌(지능) 발달에 자극을 줌.
2. 아빠와의 유대관계를 통해 사회성에 큰 영향을 받음.
3. 아빠와의 놀이를 통해 흥분 조절, 분노/좌절에 대한 이해도가 높아짐.
4. 아빠와의 대화를 통해 언어능력이 크게 발달.
5. 아빠와의 활동을 통해 자존감, 창의성이 크게 발달.
6. 아빠와의 애착형성을 통해 엄마와의 애착형성에도 좋은 영향을 줌.
7. 아내의 산후 우울증에 걸릴 가능성이 현저히 줄어듦.
8. 아빠의 모습을 보고 자란 아이는 좋은 부모가 될 가능성이 높음.

〈출처: 아들은 아빠가 키워라, 이충헌〉

- 현명한 부모가 알아야 할 대화법 - 신의진

- 디지털 세상이 아이를 아프게 한다 - 신의진

- 내 아이를 위한 감정코칭 - 존 가트맨

- 현대 명문가의 자녀 교육 - 최효찬

- 세계 명문가의 자녀 교육 - 최효찬

- 부모라면 유대인처럼 - 고재학

- 베이비 위스퍼 골드 - 트레이시 호그

- 소년의 심리학 - 마이클 거리언

- 바라지 않아야 바라는 대로 큰다 - 신규진

- 가르치고 싶은 엄마 놀고 싶은 아이 - 오은영

- 다시 아이를 키운다면 - 박혜란

- 하루 10분 자존감을 높이는 기적의 대화 - 아델 페이버

- 아이와 함께 자라는 부모 - 서찬석

- 엄마 나는 자라고 있어요 - 헤티 판 더 레이트

- 엄마수업 - 법륜

- 엄마냄새(하루 3시간) - 이현수

- 아들은 아빠가 키워라 - 이충헌

"참모님 말씀 들으니, 저부터 많이 변화를 해야 할 것 같습니다. 전 일 년 내내 책 한 권 읽지 않는 사람이라……."

"……."

"어디 그뿐입니까? 가끔 일찍 퇴근하면 피곤해서 일찍 자기 일 쑤고, 주말에는 TV 채널을 돌리며 한 주간 못 봤던 드라마 재방송을 보며 시간을 보내고 있으니, 딸 아이 눈에 비친 아빠의 모습은 정말 비교육적인 모습 그 자체인 것 같습니다."

"너무 낙담하지 말게. 딸이 아직 어리니 아빠의 변화된 모습을 보여줄 시간은 충분하네. 명심할 건 **아이들은 아빠를 우리가 생각하는 그 이상으로 대단한 사람으로 생각하고 닮고 싶어 한다**는 거네. 그러니 스스로 모범적인 모습을 보이기 위해 노력하시게."

"알겠습니다."

"이렇게 부모가 자녀를 교육하는 것은 아이를 자기주도형 학습이 가능하며 부모와의 애착을 토대로 정서적 안정을 갖는 아이로 성장할 수 있게 해주는 좋은 교육방법이네. 이런 학생들의 특징은 스스로 학습하는 것을 선호하고 학습 성과도 매우 높다는 것이지. 그러니 당연히 학원 보내는 수를 줄일 수 있고, 비싼 학원 안 보내고도 방과 후 수업이나 구민센터에서 하는 저렴한 비용의 프로그램을 이용하면서도 높은 성과를 낼 수 있지."

"아하, 교육효과는 올리고 사교육비는 줄이는 정말 일석이조의 좋은 방법이네요. 특히 아빠가 육아에 많이 참여해야 아이가

똑똑하고 사회성 있게 자란다고 들었습니다. 사실 전 여태까지는 아빠가 아이들하고 할 수 있는 건, 운동장에서 축구나 함께 해 주는 정도만 생각했는데, 아이들이 다양한 경험을 할 수 있도록 고민하고 더 많은 시간을 내야겠습니다."

"자녀 교육을 생각할 때 또 하나 중요한 것이 있는데, **내 아이를 어떤 아이로 기르겠다는 부모로서의 생각 정리를 하는 것이네.**"

"의사냐, 판사냐, 과학자냐 그런 거 말입니까? 요즘은 걸그룹이 대세 아닙니까? 아이들 장래 희망도 아이돌이 제일 많다고 하던데."

"그런 거 말고, 아이가 행복하게 인생을 살아갈 수 있도록 아빠로서 무엇을 해 줄 것이냐 하는 것을 말하네."

재정참모는 다이어리에서 자신의 자녀 교육 목표와 계획을 정리한 내용을 보여주며 설명을 한다.

자녀 교육 목표와 계획 수립(예)

* 개인에게 맞게 작성해 보자.

- 자녀를 어떤 사람으로 기를 것인가?

  - 자기 하고 싶은 일을 하며 행복감을 느끼며 사는 사람

- 자녀가 성인이 되었을 때 이것만큼은 할 수 있도록 키우겠다.

  - 예능: 정서적인 안정과 일상의 피로해소(피아노, 미술)

  - 운동: 특기가 될 만한 운동 한 가지(수영)

  - 어학: 국제화 시대 필수인 영어는 수준급, 제2 외국어는 회화 가능 수준

  - 독서: 통합교과형 능력 배양과 평생 학습이 가능한 독서력 구비

  - 웅변: 리더로서의 언변력, 발표력 향상

- 그러기 위해 기간별 교육 중점

  - 미취학 시절: 정서적 안정에 초점

  - 초등학교 시절: 독서(즐길 수 있도록 지도), 피아노(전 기간), 웅변(저학년), 수영(저학년), 영어(3학년 이후), 미술(아이가 원하는 시기)

  - 중학교 시절: 중상급 영어, 제2 외국어(초급), 독서(인문학)

  - 고등학교 시절: 고급 영어, 제2 외국어(회화 중급), 독서(원하는 모든 분야)

- 교육비 지출의 수준(1인당, 매월)

  - 초등학교: ○○만 원, 중학교: ○○만원, 고등학교: ○○만 원

  - 대학교: 입학금 전액, 등록금 50% 지원

  * 무리한 사교육비 지출보단, 노후 경제적 독립으로 자녀 부담 최소화

"아~ 이제 감이 옵니다. **아이 교육에 대해 먼 미래를 내다보고 전체적인 계획을 세워 놓아야, 주변 사람들의 분위기에 휩쓸려 불필요한 학원에 보내며, 돈은 돈대로 낭비하고 아이는 아이대로 지치고 불행하게 만드는 실수를 범하지 않을 것**이란 말씀이지 않습니까?"

가족 간 재무대화를 하자

"자녀 교육과 관련하여 한 가지 더 생각해야 할 것이 있네."

"그게 뭡니까?"

"학비를 어느 정도까지 지원해 줄 것이냐 이네."

"네? 당연히 대학 등록금까지는 대줘야 하는 거 아닙니까? 취직이 되어야 경제적인 자립을 할 수 있으니까요."

"그렇게 생각할 수도 있지만 다르게 생각할 수도 있네. 대학생은 이제 성인이니 자신의 문제는 자신이 스스로 해결해야 하는 것이지, 대학 등록금을 포함해서."

"그건 좀 너무한 것 같습니다. 대학 등록금이 어디 아르바이트

해서 벌 수 있는 수준도 아니고, 졸업한다고 금방 취직하는 것도 아니지 않습니까? 제 주변에 대학 등록금 학자금 대출받아 메우고 졸업하고 취직이 안 되어서 빚 상환하느라고 부담 느끼며 사는 사람 여럿 봤습니다."

"박 대위 말도 맞는 말이네. 하지만 이렇게 생각할 수도 있네. 자녀 대학등록금에 아파트전세금까지 모두 지원해 주고, 정작 부모들은 노년에 경제적 독립을 이루지 못해 자녀들에게 의존해서 사는 분들을 우리 주변에서 쉽게 볼 수 있네. 자녀들 입장에서 자신들도 살기 버거운데 부모들까지 부양하려면 많이 힘들지 않겠나?

자식들 등록금은 입학금 정도만 대주고 정 뭐하면 매 등록금의 절반만 대준다거나 하는 식으로 조정할 수도 있겠지. 결혼자금도 최소한의 금액만 지원을 해주고 나머지는 알아서 마련하도록 하고. 지원의 수준은 부모들이 노년에 자식들로부터 경제적 독립을 하고 사는데 지장이 없는 수준에서 개인에 맞게 결정하면 될 것이고."

언제까지 양육책임을 져야 하나?

- 대학 졸업할 때까지(49.6%), 혼인할 때까지(20.4%), 취업할 때까지(15.7%)

<출처: 전국 출산력 및 가족보건·복지 실태조사, 한국보건사회연구원, 2012.12.>

"듣고 보니 이제 알 것 같네요. 얼마 전 TV에서 본 내용인데 자식들에게 재산 다 주고 나니, 그날 이후 자식들 연락이 두절되어 생계조차 어렵게 된 난처한 노인들 보며 서글펐던 적 있습니다.

자식교육의 수준도 결국은 내가 노년에 경제적 독립을 할 수 있는 수준에서만 하고, 나머지 부족한 부분은 자식들 스스로 노력해서 메워야 한다는 것이지요? 근데, 자식들 입장에서는 조금 서운할 수도 있을 것 같습니다."

"그런 것은 어렸을 때부터 자식들에게 부모의 가치관과 교육비, 결혼비용 등 지원해 줄 수 있는 수준을 공유함으로써 극복할 수 있네. 자녀들도 스스로 대안을 찾고 준비를 하도록 하는 것이지. 공부 열심히 해서 장학금을 받든 등록금이 저렴한 학교를 선택하든, 결혼 자금을 열심히 모으기 위해 근검절약하든……."

"경제적 독립을 못해 노년에 자식들에게 부담지우는 것보단, 당장 도움바라는 자식들의 서운함을 감내하는 게 궁극적으로는 더 낫다는 말씀이군요."

"보통 부모들이 집안 경제 관련된 부분에 대해서 아이들에게 얘기하지 않으려는 경향이 있는데, 집안의 경제적 형편에 대해서는 아이들에게 얘기하는 것이 좋네. 그리고 아이와 직간접적으로 연관된 지출을 할 때에는 아이에게 설명을 해 주고 의견을 구하는 것도 필요하고.

그래야 아이들도 존중받는 느낌을 받아 책임감 있게 행동을 하고, 경제적인 감도 기를 수 있게 되거든. 요즘 어린이를 위한 경제교실 같은 거 많이들 보내는데, 집만큼 좋은 경제교실도 없지."

"듣고 보니 그런 것 같습니다. 저도 어렸을 때 아버지 사업이 잘 안 돼서 어렵던 시절이 있었습니다. 어머니께서 어려운 형편을 설명해 주시고 함께 절약하자고 말씀해 주신 적 있는데, 왠지 어른 대접 받은 것 같기도 하고 기분 좋았습니다. 물론 옷 사달라고 떼쓰는 일도 하지 않았고요."

"이제 박 대위에게 맞는 재테크 개념이 그려지나?"

"아직 어려운 부분이 있긴 하지만 감이 옵니다. **제 인생의 전반적인 설계를 먼저 해야 미래의 수입과 지출을 예상할 수 있고, 그래야 제게 맞는 재무계획 수립이 가능할 것 같습니다. 이 재무계획이 결국 제가 부자가 되기 위한 재테크의 안내지도가 될 것이고요.**"

TiP

우리 집 재무대화 지수 체크리스트	그렇다	아니다
1) 재무계획에 대해 부부가 함께 대화하는 시간을 갖고 있다?		
2) 큰 돈쓰기에 규칙이 있다?		
3) 돈 문제로 자녀 앞에서 부부싸움을 하지 않는다?		
4) 은퇴 후 살 곳에 대해 대화한다?		
5) 자녀 교육비나 방법에 대해 대화한다?		
6) 평균적인 가계 지출에 대해 공유하고 있다?		
7) 부모님 용돈에 대해 함께 상의하고 결정한다?		
8) 남편(아내)이 돈으로 언제 행복하거나 불행했는지 안다?		
9) 가정의 재무목표와 우선순위를 부부가 함께 공유하고 있다?		
10) 향후 진로나 사업적인 계획을 나누고 있다?		
합계		

7점 이상=지혜롭게 돈 다루는 가정, 4~6점=양호,
3점 이하=돈 때문에 싸울 일 많을 수 있다.

〈출처: 이데일리 2012.1.29〉

부부간 대화가 중요하다

최근 부부가 모두 군 간부로 일하는 부부와 재무상담을 진행한 적이 있다.

이 부부는 결혼한 지 15년이 넘었지만 아직 소득과 지출을 통합하지 않고 각자 돈을 관리하고 있었다. 그 결과 둘의 연봉을 합하면 거의 1억 원에 육박하지만 소득과 지출이 불투명한 관계로 새는 돈이 많아 실제 자산을 불려 가는 속도는 현저히 떨어져 있는 상황이었다.

대개의 경우 남편이 가계 소득 통합에 소극적이지만 이 가정은 반대였다.

남편의 경우는 지금이라도 당장 가계 소득을 통합하고자 했지만, 무슨 일인 지 아내는 소득을 통합하는데 주저하는 경향이 있었다. 차근히 얘기를 들어 보자 아내가 속마음을 털어놓기 시작했다. 친정어머니가 건강이 좋지 않아 서 매년 500만 원 정도의 의료비가 있다는 것이었다.

가계 소득을 통합해서 돈을 투명하게 관리하고 싶은 생각이 없는 것은 아니지만, 이렇게 되면 친정집에 돈이 나가는 것을 남편이 어떻게 생각할 지 고민이 됐었다는 얘기다. 부부 간의 대화가 이렇게 진행이 되자 의외로 답은 간단하게 해결이 됐다. 가계 소득을 통합하여 운영하는 대신 친정어머니의 의료비 지출에 대해서는 남편이 관여하지 않기로 부부 간 동의가 이뤄졌던 것이다.

현재 이 가정은 보험료를 제외하고 매월 저축액이 100만 원 정도였지만, 가 계 소득 통합 이후 저축액이 200만 원 이상으로 증액되었고, 오히려 부부 간 서로에 대한 관심도가 높아지고 재무상황에 대해 적극적으로 대화함으로 써 생활에 대한 만족도는 오히려 높아졌다. 부부 간의 대화가 자산의 형성으로 이어지는 긍정적인 사례라 할 수 있을 것이다.

〈출처: 머니 투데이 2008.6.30.〉

〈요약〉 7장 재무계획 세우기

★ 재무계획은 인생설계다.

★ 결혼자금, 미리미리 준비해라.

★ 돈은 부부가 함께 관리해야 효과적이다.

★ 자녀 교육 관련 책을 읽어라.

★ 아이들은 아빠를 닮고 싶어 한다.

★ 어떤 아이로 기를지 구체적인 계획을 세워라.

★ 노년의 경제적 독립이 아이를 위한 최선이다.

★ 아이와 함께 재무대화를 나누자.

PART Ⅲ
실행하기

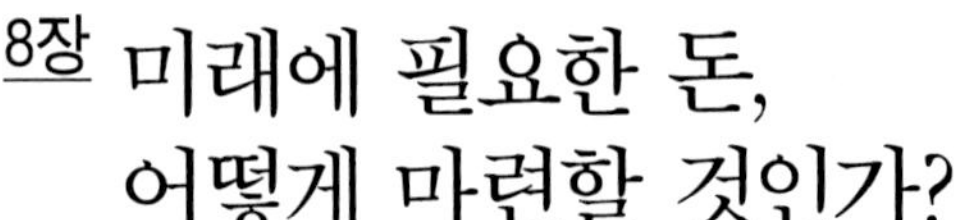8장 미래에 필요한 돈, 어떻게 마련할 것인가?

현금 흐름을 정비하라 - 통장 쪼개기

"재정상태도 점검하고 지출도 통제했으니 이제 본격적으로 돈을 모으는 일만 남았군."

"그렇습니다. 돈을 모을 생각을 하니 벌써부터 가슴 설렙니다."

"이 친구 급하긴……. 자네 자금 쪼개기라고 들어 봤나?"

"글쎄요. 통장 쪼개기는 많이 들어 봤는데 자금 쪼개기는 금시초문입니다."

"그래? 그럼 자네가 알고 있는 통장 쪼개기는 무엇인지 설명해

줄 수 있나?"

"예. 그건 책, 초빙강연 심지어 TV 경제 프로그램에서도 많이 들어서 설명할 수 있습니다. 하하.

통장 쪼개기는 지출을 통제하기 위해 급여통장에서 공과금 자동이체용 통장을 분리하고, 생활비 통장, 용돈 통장, 기타 용도별 통장을 각각 만들어서 관리하는 것을 말합니다.

여기에 더해서 저축을 할 때도 여러 개의 통장에 나누어서 분산 저축하라는 말입니다. 이때 저축에는 일반적인 저축과 적립식 펀드 등의 투자 상품도 모두 포함됩니다.

예를 들어 한 달에 50만 원 은행저축, 50만 원 적립식 펀드에 각각 넣는다고 가정하겠습니다.

50만 원의 은행저축은 20만 원짜리 적금통장 2개와 10만 원짜리 적금통장 1개로 나누고, 50만 원의 펀드 투자는 10만 원짜리 펀드 5개에 분산해서 가입합니다.

이렇게 **통장을 쪼개는 이유는 투자손실 발생에 대한 위험을 분산함과 동시에 개인적인 문제로 통장을 해약해야 하는 상황이 발생했을 때 해약에 따른 이자 손실을 최소화하기 위해서입니다.**"

"이야~ 박 대위가 나보다 더 잘 아는 것 같은데!"

"하하 과찬이십니다. 이정도야 누구나 아는 얘기 아닙니까?"

적립식 펀드의 원리

- 평균 매입단가 낮추기(Cost Average 효과)
- (사례 1) 500만 원을 매월 10일 100만 원씩 납입 후, 6.10일 전액 환매

구분	1.10일	2.10일	3.10일	4.10일	5.10일	계	6.10일
매입금액	100	100	100	100	100	500	환매
기준단가	10	8	14	8	10	[1]9.6	10
매입구좌수	10	12.5	7.1	12.5	10	52.1	

1) 평균 매입단가: 총매입액(500)÷총매입구좌수(52.1)

* 환매금액: 총구좌수(52.1)×환매 시 기준단가(10)=521만 원(+21만 원)

* 수익: 21만 원

- (사례 2) 500만 원을 1.10일 한 번에 납입, 6.10일 전액 환매

  * 매입구좌수: 매입금액(500)÷기준단가(10)=50

  * 환매금액: 총구좌수(50)×환매 시 기준단가(10)=500만 원(+0)

  * 수익: 0원

※ 동일한 금액을 동일한 기간 동안 투자했지만 수익은 차이가 납니다.

이것이 적립식 펀드의 장점입니다. 적립식 펀드는 시작 시기를 고민할 필요가 없는 상품입니다.

통장 쪼개기의 진화 - 자금 쪼개기

 "그래. 그럼 기본을 확인했으니 자금 쪼개기에 대해서 설명을 해주지. 아까 재무설계는 인생설계라고 얘기한 거 기억하나?"

 "예, 기억합니다."

 "그래. 눈을 감고 자내 인생을 한 번 그려보게. 결혼도 했고 아이도 낳았으니, 이제 둘째를 계획해야 하겠군. 지금 타고 있는 중고 자동차는 둘째 출산을 기해 좀 더 안전하고 깨끗한 차로 교체하면 좋겠지. 결혼 10주년에는 해외로 가족여행을 해도 좋을 거고. 아이들이 대학에 입학하면 등록금 고민도 커지겠군. 자녀들이 결혼상대를 데려오면 서운한 맘도 들고 결혼비용 걱정도 되겠지. 이런 식으로 인생을 구상하는 것은 미래에 나에게 어느 시점에 얼마 가량의 돈이 필요한지 가늠할 수 있게 해주지. 이러한 인생 구상을 좀 더 세밀하게 그린다면 그것이 인생설계가 되는 거지."

 "아 정말, 생각만 해도 가슴 벅찹니다. 사랑하는 아내와 두 아이를 데리고 유럽여행을 하는 그때가 빨리 왔으면 좋겠습니다. 근데 제 아이들이 커서 결혼을 하는 모습은 아직 실감이 나지 않습니다. 참모님 말씀처럼 좀 서운할 것 같기도 하고요."

"그래, 사실 사랑스런 아이들 키우다 보면 그냥 크지 않고 계속 이렇게 귀여운 아이로 남아 있었으면 좋겠다는 욕심어린 생각을 하게 되기도 하지."

"정말 그렇습니다."

"그래. 이제 설계된 인생설계서를 보며 어떻게 해당 시점에 필요한 자금을 마련할지를 고민할 차례네. 이것이 재무설계가 되는 것이지. 3년 후에 필요한 자금, 10년 후에 필요한 자금, 15년 후에 필요한 자금, 20년 후에 필요한 자금 등 인생의 이정표마다 필요한 자금을 지금부터 모으기 시작하는 거네."

"잘 이해가 가지 않습니다."

"쉽게 얘기하지. 3년 후 차를 교체하는데 2천만 원이 필요하다면, 2천만 원을 3년으로 나누고 다시 12개월로 나눠서 매월 납입해야할 금액을 산정하는 거야(20,000,000원÷3년÷12개월=555,555원). 대략 55만 원이라는 계산이 나오는데 이때 이자나 수익률은 고려하지 말게. 은행 적금이자는 물가인상에 못 미치고, 펀드 등의 투자상품은 어찌 될지 알 수 없는 거니까.

결혼 10주년인 7년 후 유럽여행 자금 1천만 원도 같은 방식으로 매월 납입해야 하는 금액을 산정하면 되네(10,000,000원÷7년÷12개월=119,047원). 대략 12만 원이 나오지.

자네의 저축여력이 80만 원이니, 55만 원, 12만 원을 매월 적당한 금융상품에 정해진 기간 동안 저축해서 목표하는 자금을 마련하는 거지. 그리고 나면 13만 원이 남는군. 이건 두 아이 대학 입학 등록금 1천만 원과 결혼 지원금 3천만 원을 위해 조금씩 불입하게."

"13만 원 저축으론 아이들 입학등록금하고 결혼지원금을 모두 모을 수는 없지 않습니까?"

"자네 저축여력을 80만 원으로 놓고 계산을 했을 때는 그렇지. 자네가 소령, 중령, 대령으로 진급함에 따라 급여도 오르고 저축여력도 오르지 않겠나? 저축여력이 높아지는 시점에 각각의 통장에 불입하는 액수를 늘리면 목표를 채울 수 있다네."

"아, **일단 시작하는 게 중요하다**는 말씀이군요. 자금 쪼개기라는 것은 결국 통장 쪼개기가 진화한 것이라 생각하면 되겠습니다."

"진화라고 하니 좀 거창하군. 그냥 넓은 의미의 통장 쪼개기의 일종이라고 해두지."

생애주기별 이벤트 및 재무목표

생애주기(6개)	라이프이벤트(17개)	재무목표(13개)
미혼기	1. 대학진학 2. 부모로부터의 독립 3. 취업준비 및 취업 4. 자동차 구입	경제적 독립 준비 결혼준비
신혼기	1. 결혼 2. 주택마련	새로운 경제생활에 적응 주택자금 마련
자녀출산 및 양육기	1. 자녀출산 및 양육 2. 주택마련	자녀출산자금 준비 새로운 가족과의 경제생활 적응 주택자금 마련
자녀학령기	1. 자녀 사교육비 2. 자녀 대학등록금 준비 3. 주택마련 또는 확장	자녀의 교육자금 마련 주택구입 또는 확장 자금 마련
자녀성년기	1. 자녀의 대학진학 2. 자녀 결혼 3. 조기퇴직	은퇴준비 자녀독립(결혼준비)
자녀독립 및 은퇴기	1. 은퇴 2. 가족원의 죽음 3. 건강관리	은퇴생활 영위 상속준비

〈출처: 생애주기별 금융교육 가이드라인, 금융감독원, 2012.2.27.〉

 ## 기간에 따라 투자 상품을 달리하라

"자금 쪼개기를 완성하기 위해서는 한 가지 고민해야 할 사항이 남아 있네."

"그게 뭡니까?"

"아까 자금 쪼개기를 할 때 수익률은 고려하지 않았지?"

"그랬습니다."

"그러니 이제 수익률을 고려해야지."

"어떤 식으로 말입니까?"

"응. 자네 통장 쪼개기에 대해 유창하게 설명하는 것을 보니 재테크 책을 좀 본거 같던데, **투자 기간에 따라 유리한 투자 상품이 따로 있다**는 것도 아나?"

"예. 1년짜리는 안전성에 무게를 둔 은행 적금, 3년 이상은 수익성을 고려하여 적립식 펀드, 특히 10년 이상은 장기 펀드 세액공제 혜택도 논의되고 있으니 관심 가질 만하다 들었습니다."

"그래. 잘 알고 있군. 투자 기간이 길면 돈이 묶이는 불편함은 있겠지만 안정적 자금운용이 가능해 높은 수익을 낼 수 있지."

"높은 수익을 내기 위해서는 역시 기간이 중요하군요?"

"근데 여기서도 주의할 것이 있다네. 장기투자 상품은 운용하는 금융기관 입장에서는 안정성이 확보가 되니 급변하는 시장상황에 시간을 갖고 침착하게 대응할 수 있어 유리하지. 하지만 중

간에 해지하는 투자자들이 많다면 안정적 자금운용이 어려워
지겠지? 그러니 중도 해약할 경우 말도 안 되게 낮은 이자를 주
거나 수수료를 물리는 것이지.

주식관련 펀드 상품에 가입했을 경우는 더욱 심각하지. 주가
지수는 오르고 내리고를 반복하기 마련인데, 급히 돈이 필요하
게 되어 펀드를 중도 환매해야 하는 상황이 발생했다고 생각해
보게. 하필 이때 주가가 바닥이라면 그야말로 원금이 반 토막
난 상태에서 환매할 수밖에 없겠지. 그러니 장기투자를 할 때에
는 반드시 여유자금으로 투자를 해야 한다는 것 잊지 말게."

"참모님, 군인공제회 회원저축도 장기상품이지 않습니까?"

"그렇지."

"그럼, 얼마 정도를 가입해야 적정한 수준인가요? 선배님들께 물
어보면 의견이 양분됩니다. 어떤 분들은 없는 돈이다 생각하고
75만 원(150구좌) 풀로 넣으라고 하고, 어떤 분들은 복지혜택을
받을 수 있는 기본구좌인 5만 원(10구좌)만 넣으라고도 하시고."

"군인공제회 회원저축의 장단점을 생각해 보면 답이 나올 것 같
구만. 장점부터 보면, 금리 면에서 시중 은행에서는 찾아보기
힘든 5% 복리상품이라는 점을 들 수 있지.

투자의 귀재 워런버핏이 복리를 눈덩이 효과라고 표현했듯이,
이자에 이자가 붙어나가는 복리의 특성상 기간이 길수록 자산
증대 효과가 매우 크지. 시중 은행에서 나오는 복리저축 상품은
대부분 3년 이내 단기상품으로 복리효과를 기대하기 힘들지.

단점으로는 만기가 전역시점이니 장기복무자의 경우 30년 안팎
의 긴 시간 동안 돈이 묶이게 되는 점을 들 수 있지. 더군다나
과거에는 군인공제회 생활자금 대출의 금리가 높아서, 급히 돈이
필요할 경우 대출을 하기보단 부분해약을 하는 경우가 많았지.
하지만 요즘은 군인공제회 대출 은행 간의 경쟁으로 대출금리
가 3% 안팎으로 낮아졌고 인터넷을 통해서도 쉽게 대출을 받
을 수 있어 단점이 많이 해소되었다네."

"말씀을 들으니 단점은 없어지고 장점은 여전히 남아 있는 거니
많이 가입하면 좋은 거군요?"

"그건 개인적인 투자성향에 따라 결정할 문제라고 생각하네. 단
지 내가 얘기해 줄 수 있는 건, **아직 실무생활에서 자신의 수
입·지출에 대한 감이 없는 상태에서 장기상품인 회원저축에
너무 많은 금액을 가입하는 건 지양했으면 좋겠다는 것이네.**
초임 간부들의 급여수준을 고려했을 때, 10만 원 이내로 가입
을 하고 1~2년 후 자신의 재무계획에 확신이 생겼을 때 점차적
으로 불입액을 늘리는 것을 권하고 싶네. 처음 1~2년간은 은행
저축상품에 남는 돈을 저축해도 지출 통제 효과는 충분히 달성
할 수 있으니."

"아, 결국 **스스로의 재무생활에 대한 확신이 생기고, 군인공제회
회원저축뿐만이 아니라 다른 금융상품들에 대해서도 두루 비교
해 본 후 자신에게 맞는 적절한 금액을 가입하라**는 뜻이군요?"

"그래. 그러려면 금융상품들에 대한 공부도 꾸준히 해야겠지."

종잣돈 모으기에 적합한 금융상품

· 단기간(3년 이내): 저축은행, 새마을 금고, 지역농협

* 준회원 가입 후 저축 시, 이자세(15.4%) 면제(농·특세 1.4%만 부과)

* 원금+이자 5천만 원 이내만 가입(은행 도산 시 손실 방지, 예금자보호 등)

· 중기간(10년 이내): 적립식 펀드, 재형저축/펀드(총급여 5천만 원 이하 근로자)

* 재형저축/펀드는 7년 이상 유지 시 이자세(15.4%) 면제(농·특세 1.4%)

· 장기간(10년 이상): 적립식 펀드, 변액유니버셜보험, 군인공제 회원저축

* 변액유니버셜보험: 10년 이상 유지 시 비과세/운용수수료 낮아 좋으나, 10년 이내에는 사업비가 높아 중도 해지 시 손해 큼.

  초기에는 10만 원 수준에서 가입하다, 10년 이후 증액 유리

- 대학입학 축하금: 회원 자녀가 대학입학 시(1명), 지급액(100만 원)

- 출산보조금: 회원, 회원의 배우자 출산 시

  - 1자녀(30만 원), 2자녀(40만 원), 3자녀 이상(60만 원)

- 재해위로금: 회원 사망 또는 심신장애로 전역 시

  - 전사·순직: 200만 원, 일반사망: 100만 원, 심신장애 전역: 100만 원

- 신청방법: 군인공제회로 우편 신청

〈출처: 군인공제회(http://www.mmaa.or.kr〉

- 대상: 군인 본인, 배우자, 본인/배우자의 직계존속, 자녀 사망 시

- 지급액: 본인(사망 시 해당월 기준소득월액의 1.95배),

  배우자/ 직계존속/ 자녀(군인전체평균 기준소득월액의 0.65배)

    * 기준소득월액(기본급+정근수당/6+정근수당가산금+과세수당)

    * 군인전체평균 기준소득월액(4,350,000원, ~' 14.4.30/매년 변경)

- 신청방법: 국군재정관리단 급여포탈에서 신청

 종잣돈을 굴려보자

"한창 때에 씀씀이를 절제한다는 것이 쉽지 않은 일임은 분명하네. 이렇게 각고의 노력과 인내를 통해 마련한 목돈, 이제 이 종잣돈을 잘 운영해서 수익을 극대화해야겠지."

 "드디어 수익성에 초점을 둔 투자 강의가 시작되는 거군요? 쓰고 싶을 때 돈을 쓰지 않고 안전하게 모으라는 말씀만 하셔서, 맘이 무거웠습니다."

 "그게 기본인 걸 어쩌겠나. 그리고 미안하지만 지금 할 얘기도 **자신의 노력과 위험 감수가 있을 때에만 높은 수익을 올릴 수 있다**는 내용이니 실망하지 않았으면 좋겠네."

 "High Risk, High Return! 고수익에 따르는 위험에 대해 재강조하시는 거군요? 이미 각오되어 있습니다. 하하하."

 "생각해 보니, 적립식 펀드를 비롯해서 돈을 모으는 과정에서 유용한 투자 상품도 알려준 것 같은데 왜 안전하게 모으라고만 했다고 하지? 박 대위 졸았나?"

 "아, 아닙니다. 워낙 안전성을 강조하셔서. 하하."

 "종잣돈을 굴리는 상품으로 3가지를 추천하고 싶네. **첫째는 안정성에 초점을 둔 군인공제회 목돈수탁 저축이네.** 은행예금과 동일한 상품이면서 수익률은 1% 가량 높아 매력적인 상품이지. **두 번째는 주가지수연동예금(ELD)이네.** 이 상품은 일부를 은

행예금에 넣어 두고 일부는 주가지수와 연계한 파생상품에 투자하는 상품으로, 은행예금처럼 원금은 보장되고 예금보다 높은 수익을 기대할 수 있지. 물론 투자 실적에 따라 수익이 안 날 수도 있으니 유의하고.

마지막으로 적립식 펀드식 투자지. 내가 주로 사용하는 방법인데, 고수익을 내기에 적합한 방법이라네."

"적립식 펀드는 종잣돈을 모을 때도 추천하셨던 상품이지 않습니까?"

"그래. 근데 조금 차이는 있지. 종잣돈을 모으는 과정에서의 적립식 펀드는 매월 정해진 날짜에 정해진 금액을 입금하여 평균 매입단가를 낮추는 방식이고, 종잣돈을 굴릴 때의 적립식 펀드는 정해진 날짜와 금액이 있는 것이 아니라 주가 하락기에 적절한 금액으로 나누어 투자를 하는 방식이지.

예를 들어 박 대위에게 5천만 원이 있다면 일단 CMA(Cash Management Account) 같은 수시입출금이 가능한 상품에 넣어 두고 주가가 낮아지는 타이밍을 기다리다가, 충분히 낮아졌다 싶을 때 천만 원을 적립식 펀드에 입금하고 또 낮아진다 싶을 때 다시 천만 원을 납입하는 방법이네. 주가가 폭락한 시점이라면 2천만 원을 입금할 수도 있겠지."

"아, 결국 **한꺼번에 목돈을 투자했다가 주식이 추가 하락함으로써 발생할 수 있는 위험을, 투자 시점을 분산함으로써 상쇄하는 방법**이군요?"

"그렇지. 주가는 그 누구도 정확히 예측할 수 없는 것이라, 모두가 저점이라 예상한 경우에서도 추가 하락의 위험은 있는 것이거든."

"근데, 말씀하신 방법은 경제 흐름에 대한 감이 어느 정도 생긴 후에만 해야 할 것 같습니다."

"잘 짚었네. 서두에 얘기한 것처럼 꾸준한 학습이 필요한 것이지. 최소한 경제 관련 기사를 꾸준히 봐야 앞으로 주가 흐름이 상승할지 하락할지 감을 잡을 수 있을 테니. 근데 신문기사도 너무 맹신은 하지 말게. **모두가 주식을 얘기할 때는 주식을 팔 시기**라는 말이 있듯이, 신문에서 주식 얘기가 많이 나올 때는 이미 늦은 경우일 수도 있으니."

Tip

종잣돈 굴리기에 적합한 금융상품

- 안정성: 은행 정기예금, 군인공제회 목돈수탁 저축
- 안정성, 수익성: 주가지수연동예금(ELD), 주가연계증권(ELS)
  * ELD: 일부는 정기예금, 일부는 주가지수와 연계한 파생상품에 투자, 원금보장, 예금자보호법 적용, 은행이자보다 높은 수익 기대
  * ELS: 대부분 국공채, 일부는 주가지수와 연계한 파생상품에 투자, 원금 미보장(사전에 약정한 금액만 보장), 예금자보호법 미적용
- 수익성: 거치식 펀드, 적립식 펀드, 채권, 부동산
  * 거치식 펀드: 목돈을 일시에 불입, 주가 저점에서 가입 시 수익 극대화, 주가 추가하락 시 손실 위험
  * 적립식 펀드: 주가 하락 시마다 수회에 걸쳐 나누어 투자, 위험분산 효과

- 주식시장 국면별 전략

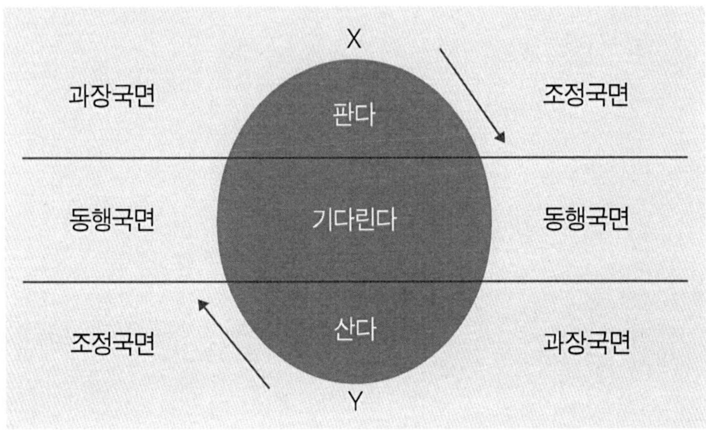

- 금리변화에 따른 투자 상품 선택

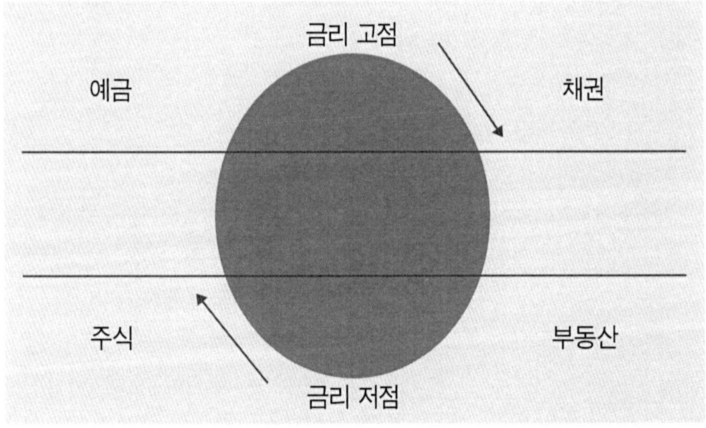

〈출처: 돈, 뜨겁게 사랑하고 차갑게 다루어라, 앙드레 코스톨라니〉

〈요약〉 8장 미래에 필요한 돈, 어떻게 마련할 것인가?

★ 통장 쪼개기로 위험을 분산하라.

★ 시작이 반이다.
   (장기 목적자금도 일단 시작하고 차차 불입액을 늘려라.)

★ 단기자금은 안정성/환금성에, 장기자금은 수익성/세제혜택에
   관심을 가져라.

★ 군인공제회 회원저축도 장기상품이다.

★ 자신에 맞는 금융상품을 선별하라.

9장 내 집 마련을 생각하라

평생 관사에서 살 수는 없다

"군인들이 급여 수준에 비해 재산이 많지 않은 이유가 뭔지 아나?"

"그거야 재테크와 관련된 정보가 부족하기 때문이겠지요. 아무래도 전방에 투입되면 신문 읽는 것도 쉽지 않으니까요. 설사 좋은 정보가 생기더라도 행동에 제약이 많은 직업의 특성상 정보를 활용하기도 힘들고요."

"일리 있는 말이야. 명예를 중시하는 군인의 특성상 금전적인 부분에 관심이 소홀한 것도 이유일 것이고. 하지만 **제일 큰 이유는 주택마련에 대한 절박함이 없기 때문이네.**"

"내 집 마련이 재테크의 1순위라는 말씀을 하시려는 겁니까? 요즘은 부동산 경기도 안 좋고, 줄어드는 인구를 감안할 때 집 사서 부자 되는 때는 지난 것 같은데요."

"잘 알고 있군. 내가 하고 싶은 얘기는 집을 안 사서 재산형성이 더디다는 말이 아니고, 내 집 마련을 위한 자금을 마련해야 한다는 절박함이 없다는 얘기네."

"하긴 저도 미혼 때는 BOQ에 살았고, 결혼 후에는 군인 아파트에 살다보니 집 걱정은 안 하고 산 것 같습니다. 사회 친구들 얘기 들어보면 집을 사는 건 둘째고, 전셋값이 너무 올라서 월세 신세지고 있다고 하던데."

"민간인들은 대학 때는 비싼 등록금에 학자금 대출 받아야 하고, 취직해서는 학자금 대출 상환하는데 많은 돈이 들어가지. 거기에 결혼을 하기 위해서는 주택자금이 필요한데, 전세로 하려 해도 억대에 이르니 부담이 안 될 수 없지. 그러다 보니 자연스럽게 재테크에 관심을 갖게 되고, 돈을 아껴 쓰기 위해 노력하는 것이지."

"절박함이 짠돌이를 만든다는 말씀이군요."

"하하하, 짠돌이라. 틀린 말은 아니군. 얼마 전 고등학교 동창을 만났는데, 이 친구는 H그룹 선임연구원으로 일하고 있어 내 월급의 두 배를 받고 있지. 그래서 맛있는 거 사준다기에 강남역까지 나갔는데, 아 글쎄 바지락 칼국수 사주더구만.

실망해서 돈도 많이 벌면서 왜 이렇게 짜냐고 농담 삼아 물었

더니, 이 친구 정색을 하면서 집사면서 대출을 많이 받아서 대출금 상환에 허리가 휠 지경이라고 엄살 부리더라고."

"생각해 보니, 저도 가끔 친구들 만나면 월급 많은 친구들은 가만있는데, 오히려 제가 계산을 하는 경우가 더 많았던 것 같습니다. 절박함은 없고 체면은 많아서이겠지요?"

"이제부터라도 내 집 마련에 대한 고민을 하시게. 어차피 제대하면 더 이상 관사에서 살 수도 없으니. 또 자녀가 고학년이 되면 부득이하게 한 곳에 정착을 해야 할 수도 있는데, 전출 가면 살던 관사도 빼야하지 않나. 그러니 차후에 내 집 마련을 위한 준비를 지금부터 착실히 하시게나, 전세든 매입이든."

전세계약 유의사항

- 집을 선택하는 단계: 차후 빠지기 쉬운 집
  * 후임 세입자가 안 나타나면 이사를 갈 수가 없음.
  * 요즘 전세 물건이 귀하다지만, 수요자가 선호하지 않는 집도 있음.
- 계약 체결 단계: 등기부등본 확인하기
  * 계약자 신분증과 등기사항전부증명서 상의 소유권자가 맞는지 확인.
  * 가압류, 가등기 등이 있는 부동산은 계약 안 하는 게 좋음.
  * 근저당권(돈을 빌렸다는 뜻)이 설정돼 있는 경우, 전세금 보존가능성 확인.
    ; 경매가(시세×통상 60%) - 근저당 설정금액 〈 전세보증금
      ▶ 집 경매 시 전세금 환불 불투명(계약 안 하는 게 좋음)
- 계약 체결 후: 전입신고/확정일자(동사무소에서 계약서에 날인 받음)
  * 중간에 주소를 옮겼다가 다시 들어오면 다시 들어온 날자가 기준이 되니 유의

근로자·서민 전세자금 대출

- 대상: 대출 신청일 현재 세대주, 임대차 계약을 체결하고 보증금의 5% 이상 지불, 그리고 다음 조건을 구비한 사람
  1. 신청일 현재 만 19세 이상인 세대주(만 30세 미만 단독세대주 제외) 또는 세대주로 인정되는 사람
  2. 신청일 현재 세대주로서 세대주를 포함한 세대원 전원이 무주택인 사람
  3. 최근년도 또는 최근 1년간 부부합산 총소득이 5,000만 원 이하인 사람 (단, 신혼가구인 경우 5,500만 원 이하인 사람)
- 금리: 연 3.3%('13.12월 기준, 국민주택기금 운용계획에 따라 변동가능)
- 한도: 전(월)세 보증금의 70% 이내에서 최고 8천만 원 이내 (수도권의 경우 1억 원)
  * 만 19세 미만 자녀가 3명 이상의 가정의 경우에는 최고 1억 이내 (수도권 1억2천만 원 이내)
- 대상주택: 임차 전용면적 85㎡ 이하 주택(주거용 오피스텔 포함)
- 기간: 2년 일시상환(3회 연장하여 최장 8년 가능)

〈출처: 국토교통부 국민주택기금포털(http://nhf.molit.go.kr)〉

 청약통장에 빨리 가입하라

 “내 집 마련의 방법에는 크게 3가지 방법이 있네. 기존 주택을 사는 매매, 법원 경매 그리고 청약에 당첨되는 것.

기존 주택을 사기 위해서는 한 번에 목돈을 지불해야 하는 부담은 있지만, 원하는 시기에 원하는 지역의 집을 살 수 있다는 편리성이 있지.

법원 경매의 경우는 시세보다 저렴한 가격에 낙찰 받을 수 있다는 매력이 있는 반면, 권리분석에 대한 이해와 학습이 필요하고 낙찰 후 현재 거주하고 있는 사람을 직접 퇴거시켜야 하는 어려움도 있지.

권리분석에 실패하면 낙찰 후 예상 못한 비용이 나갈 수도 있고, 거주하는 사람이 퇴거하지 않아 낭패를 보는 경우도 있으니 주의가 필요하네.

마지막으로 **아파트 청약에 당첨되는 방법은, 처음 내 집을 마련하는 사람들이 가장 부담 없이 할 수 있는 제도이네.** 방금 지은 새집에 입주하는 기쁨을 느낄 수도 있고, 낙찰 후 입주 시까지 2년 가까운 시간 동안 매입대금을 분할해서 납부할 수 있어 재정적 부담이 완화되지.”

“그럼 저도 아파트 청약으로 집을 마련해야겠군요. 사실 요즘 경기가 안 좋아서 그런지 경매 물건이 많이 나온다고 들었습니다. 시세보다 훨씬 싼 값에 낙찰 받았다고 자랑하는 사람들도 여럿 보았고요. 그래서 저도 경매로 집을 마련해 볼까도 생각했었는데, 참모님 말씀 듣고 보니 쉬운 방법은 아닌 것 같네요."

"경매를 하지 말라는 말은 아니니 오해하지 말게. 단지 사전에 경매 관련해서 공부를 먼저 하라는 얘기지. 경매는 법원에서 하는 거다 보니 생소한 법률 용어에 대한 이해도 필요하거든."

"아파트 청약을 하기 위해서는 어떤 준비를 해야 하나요?"

"우선 청약통장에 가입을 해야지. 아파트 청약을 위한 일종의 자격을 획득하는 것인데, 2년 이상 가입하고 24회 이상 납입하거나 일정금액을 예치하면 청약 1순위 자격을 취득할 수 있네."

주택청약통장

구분	청약저축	청약부금	청약예금	주택청약종합저축
[1] 가입대상	무주택세대주	20세 이상의 국민인 개인, 20세 미만 세대주 가입 가능	20세 이상의 국민인 개인, 20세 미만 세대주 가입 가능	20세 이상의 국민인 개인
저축방식	매월 일정액 불입	매월 일정액 불입	일시불 예치	매월 일정액 불입 및 예치식 병행
저축금액	월 2만~10만 원	월 5만~50만 원	200만~1,500만 원	2만~50만 원 / 1,500만 원까지 일시 예치
대상주택	85m² 이하 공공기관 건설주택	85m² 이하 민영주택	민영주택	모든 주택
1순위 자격	가입 2년 이상 24회 이상 납부	가입 2년 이상 (지역별 예치금 예치)	[2] 가입 2년 이상 (지역별 예치금 예치)	해당 주택에 적용되는 규정에 따름

1) 전 금융기관을 통하여 주택청약저축, 청약예금, 청약부금, 청약저축 중 1
계좌만 가입가능
2) 수도권 외의 지역은 6~24개월 기간으로 시·도지사가 정하는 기간

〈출처: 국토교통부 국민주택기금포탈(http://nhf.molit.go.kr)〉

"2년 동안 가입하는 거면 어려운 건 아니군요?"

"그래서 빨리 시작해야 하는 거네. 2년 동안이라는 조건은 어려운 것이 아니지. 그러다 보니 1순위 자격을 갖은 사람도 그만큼 많겠지. 우리나라에 청약통장에 가입한 사람이 1,600만 명에 달한다고 하니, 4인 가구 대부분이 청약통장을 갖고 있는 셈이지."

"와~ 정말 많은 사람들이 청약통장을 갖고 있군요. 근데 2년 있으면 1순위가 되는데 빨리 시작해야 한다는 말씀은 무슨 의미이십니까?"

"좋은 질문이네. 1순위자 중에서도 무주택기간, 부양가족 수 그리고 청약통장 가입기간에 따라 점수를 차등화하는 **청약가점 제도가 있는데, 청약통장 가입기간이 1년 경과할 때마다 1점씩 가산되니 빨리 가입할수록 유리**할 수밖에."

청약 가점제도

- 무주택기간(32점): 1년 미만 2점, 1년 단위 2점 추가(15년 이상)
- 부양가족 수(35점): 0명 5점, 1명 단위 5점 추가(6명 이상)
- 청약통장 가입기간(17점): 1년 미만 2점, 1년 단위 1점 추가(15년 이상)

"1순위자라고 모두 같은 1순위가 아니라는 말씀이군요?"

"무주택기간이야 시간이 지나면 자연히 늘어나는 것이고, 부양 가족 수는 자녀를 많이 낳아야 하니 의지대로 되는 것이 아니고, 결국 청약통장 가입기간을 늘리는 것만이 우리가 가점을 받기 위해 할 수 있는 유일한 방법이라 할 수 있지."

"당장 청약통장부터 가입해야겠습니다."

"그래. 시간될 때 가입해 두시게."

Tip

청약통장 아끼기

· 주택경기 침체로 미분양 아파트 속출, 미분양 아파트는 청약통장 없이도 선착순으로 분양받을 수 있음.
· 1순위 청약 이전에 분양하는 특별분양 결과에 주목
  * 분양결과는 당일 저녁에 LH공사 홈페이지에 공지됨.
  * 특별분양 청약결과를 토대로 1순위 청약률도 예상 가능(정확하지는 않지만)
· 해당 아파트가 맘에 드는 반면, 청약률이 저조할 경우에는 미분양 아파트를 분양 받아 차후를 위해 청약통장을 아낄 수 있음.

내 집 마련하기

"청약통장에 가입을 했으면, 이제 청약을 하기 위한 준비를 해야지."

"하지만 말씀하신 청약가점이 쌓이기 위해선 아직 시간이 많이 필요합니다. 그리고 아직은 집을 살 때가 되지 않았기도 하고."

"그래, 박 대위는 아직 자녀가 어리기도 하고, 당분간 야전부대에 많이 근무를 할 테니 당장 집을 살 필요는 없지. 충분한 자금도 아직 없을 테니까."

"맞습니다. 제일 중요한 돈이 없습니다. ㅋㅋ"

"내가 얘기하는 **집 살 준비라는 것은 관심과 안목**이라네."

"관심과 안목이요? 또 학습을 하라는 말씀을 하시는 거군요?"

"박 대위가 차를 살 때 어떤 과정을 거쳤나 생각해 보게."

"음~, 사실 결혼 준비하면서 중고차를 샀는데, 천만 원이 넘는 금액을 계약하는 것은 처음이라 많이 고민하고 샀습니다.

인터넷 중고차 사이트에서 며칠을 검색하고, 맘에 드는 차들끼리 비교도 해보고 그중 나은 물건들을 직접 가서 시운전도 해보고 했던 기억이 납니다.

또 행여나 사기 당하지나 않을까 인터넷에서 중고차 살 때 유의사항이나 체크리스트를 검색해서 공부도 하고…… 아, 그리고 보니 집값은 자동차보다 최소 열배 이상 비싸니 더 고민해야겠군요?”

“하하하. 박 대위는 혼자서 얘기하다 깨닫기까지 하는구만.

아마도 박 대위가 인터넷을 검색하며 나름 관련 정보를 습득하고, 실물을 직접 보고 확인하는 과정을 통해 자동차를 보는 안목도 길러졌을 거네.

집은 비싸기도 하거니와 자동차보다 고려해야 할 요소들이 더 많고 복잡하다네. 자동차는 그냥 자동차 자체의 성능과 상태만 보면 되지만, **집을 살 때는 주변 환경 즉 교통 여건, 교육 여건, 편의시설, 안전 유해시설 등을 종합적으로 확인해야 하지.**

신규로 조성되는 택지개발지구에 충분한 확인과정 없이 입주했다가 교통이나 편의시설 등 기반시설이 부족해서 수년 동안 불편을 감수하고 살아야 하는 경우도 생길 수 있으니, 사전에 충분히 확인하고 분양을 받아야겠지. 특히 이런 지역의 아파트는 매도나 임대도 쉽지 않아 자칫 울며 겨자 먹기로 참고 살아야 할 수도 있지.

어디 그뿐인가 부동산 시세는 부동산 경기의 영향을 많이 받으니 매입하는 시점에서는 앞으로의 부동산 경기를 예측할 수 있어야, 사고 나서 집값이 떨어지는 고통을 피할 수 있겠지.”

좋은 집 선택을 위한 체크리스트

분류	체크리스트
사전준비	• 투자목적이 분명해야 한다. • 본인의 사정이나 여건을 정확히 진단한다.
건설업체	• 시행사 및 시공사를 객관적으로 평가한다.
가격	• 해당지역의 시세를 정확히 파악한다.
주변 환경	• 교통이 편리해야 한다. • 자녀의 나이에 맞는 교육시설이 있는지 확인한다. • 가까운 곳에 생활편의시설이 잘 갖춰져 있어야 한다. • 도움 받을 수 있는 사람이 근처에 살고 있으면 좋다. • 주변지역의 범죄율, 치안상태 등을 파악한다. • 단지주변에 오염 발생원이 없어야 한다.
단지여건 및 규모	• 대단지 아파트가 좋다. • 녹지공간이 충분히 확보된 곳이 주거가치가 높다. • 평형별 가구 수, 층, 라인배치, 용적률 등을 확인한다. • 가구당 주차면적이 넓으면 편리하다.
주거공간 및 내부시설	• 공간이 효율적, 기능적으로 잘 설계되어 있어야 한다. • 첨단시설과 설비가 잘 갖춰져 있어야 한다. • 부실여부를 점검한다.
투자가치 및 장래발전	• 도로여건이 좋고, 조망권이 우수한 아파트가 투자가치가 높다. • 대단지 역세권 아파트가 투자가치가 높다. • 장래발전 가능성을 보고 투자한다.
기타	• 모델하우스보다 실제 현장을 탐방한다. • 심리적 요인보다는 과학적으로 분석한다. • 관리비가 저렴하여야 한다.

〈출처: 국토교통부 국민주택기금 포털(http://nhf.molit.go.kr)〉

"역시, 세상에 공짜는 없는 것 같습니다. **꾸준한 관심과 학습만 이 내 재산의 안전한 증식을 보장할 수 있다**는 사실을 명심하 겠습니다.

참모님, 근데 아파트를 분양받기 위한 노하우를 쉽게 학습하는 방법은 없습니까?"

"이게 쉬운 방법인지는 모르겠다만, 빠른 방법은 있지."

"그게 뭡니까?"

"모의 훈련을 해보는 거야."

"예?"

"놀랄 건 없고, 어차피 나중에 집을 살 생각이 있다면 미리 연습해서 나쁠 건 없지. 우선 LH공사(한국토지주택공사) 홈페이지에서 분양공고를 열람하고, 이중 관심 지역의 공고문을 꼼꼼히 확인해 보는 거네.

아파트의 구조나 입지조건 및 단지구성 등에 대해 사이버 홍보관을 통해 확인을 하고, 청약자격조건을 봤을 때 나의 당첨 가능성은 어느 정도 되는지 계산도 해 보고, 분양가격은 주변 시세 대비 적절한지 부동산 정보 사이트를 통해 확인을 해보는 거지.

모든 것이 만족스럽다면 주말시간 등을 이용해 현장 분양홍보관을 방문하여 설명도 들어보고 주변 정찰도 직접 해 보면 좋겠지."

"그야말로 **직접 집을 살 때와 동일한 과정으로 연습을 해 보는 것**이군요."

"그렇지. 이런 연습을 하면 실제 청약을 할 때 절차를 몰라 당황하는 것을 예방할 수도 있고, 이러한 과정을 통해 아파트를

보는 안목을 기를 수 있으니 매우 좋은 학습방법이지."

"참모님 말씀대로 연습을 하다 보면, 바빠서 놓치기 쉬운 좋은 분양정보를 놓치는 일도 없으니 일석삼조인 것 같습니다."

주택관련 인터넷 사이트

- 국토교통부 주택기금포털(http://nhf.molit.go.kr)

- 부동산정보 통합포털 onnara(http://onnara.go.kr)

- APT2you(http://www.apt2you.com)

- LH분양임대청약시스템(http://myhome.lh.or.kr)

- 보금자리주택(http://portal.newplus.go.kr)

- 한국주택금융공사(http://www.hf.go.kr)

"그래. 이제 열심히 돈 모으는 일만 남았나?"

"그게 제일 큰 문제인 것 같습니다. 집값이 너무 비싸서."

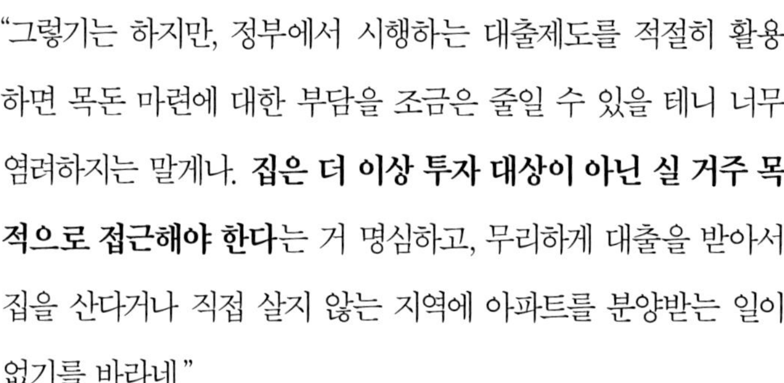
"그렇기는 하지만, 정부에서 시행하는 대출제도를 적절히 활용하면 목돈 마련에 대한 부담을 조금은 줄일 수 있을 테니 너무 염려하지는 말게나. **집은 더 이상 투자 대상이 아닌 실 거주 목적으로 접근해야 한다**는 거 명심하고, 무리하게 대출을 받아서 집을 산다거나 직접 살지 않는 지역에 아파트를 분양받는 일이 없기를 바라네."

- 국토교통부 국민주택기금 포털(http://nhf.molit.go.kr):
  생애최초 주택구입, 서민 주택구입, 손익공유형, 수익공유형

- 한국주택금융공사(http://www.hf.go.kr): 보금자리론

* 상세한 내용은 해당 인터넷 홈페이지에서 확인 가능

Tip

생애최초 주택구입 자금대출(가장 유리한 상품)

· 대상: 생애 최초로 대상 주택을 구입, 대출 신청일 현재 세대주,
  부부합산 소득 7천만 원 이하
· 금리: 연 2.6~3.4%(' 13.12월 기준, 소득수준/기간에 따라 차등)

소득수준	10년	15년	20년	30년
부부합산 연소득 2,000만 원 이하	2.6%	2.7%	2.8%	2.9%
2,000원 초과 ~ 4,000만 원 이하	2.8%	2.9%	3.0%	3.1%
4,000만원 초과 ~ 7,000만 원 이하	3.1%	3.2%	3.3%	3.4%

* 다자녀가구 0.5%, 다문화 또는 장애인가구 0.2% 금리우대 가능

· 한도: 최고 2억 원 이내
· 대상주택: 전용면적 85㎡ 이하, 은행 평가금액 6억 원 이하
· 기간: 10~30년 원금(원리금)균등분할 상환

〈출처: 국토교통부 국민주택기금포털(http://nhf.molit.go.kr)〉

〈요약〉 9장 내 집 마련을 생각하라

★ 언젠가 내 집 마련이 필요하다.(임대 포함)

★ 일찍 청약통장에 가입하여 당첨 확률을 높여라.

★ 집 사는 연습으로 안목을 높여라.

★ 꾸준한 관심과 학습만이 안전한 재산증식을 보장한다.

★ 주택관련 대출도 적절히 활용하자.

10장 어려울 때 도움되는 보험

🥧 50년 후 지급되는 보험금에 현혹되지 마라

"박 대위, 자네 딸 보험은 들었나?"

"네, 홈쇼핑에서 판매하는 태아보험 방송보고 가입했습니다."

"그렇군. 그럼 자네 세 식구 보험료는 얼마나 되나?"

"저와 아내는 종신보험으로 각각 25만 원씩 나가고, 아이는 5만 원이니 총 55만 원입니다(급여의 22%)."

"박 대위 월급이 250만 원인데 보험료로만 55만 원이 나간다면, 내용은 둘째 치고라도 월급에서 차지하는 비율이 매우 높은 수준이군. 통상 급여의 10% 정도를 적정 보험료로 보는데."

"친척 중에 보험설계사 하시는 분이 있어서, 추천해 주는 상품

에 가입했습니다. 사실 보험에 대해선 설명을 들어도 잘 모르겠고 해서. 약관도 읽어 보지 않았습니다."

"많은 사람들이 박 대위와 비슷하지. 두 내외가 모두 종신보험에 가입한 특별한 이유가 있나?"

"그야, 사망 시 2억 준다고 하니……."

"보험은 미래에 있을 수 있는 어려움에 대비하는 것이네. 자네가 가정의 경제를 책임지는 사람이니 만일을 대비하여 종신보험에 드는 것은 이해가 가네. 하지만 아내의 부재로 가정이 경제적 어려움에 처하게 되는 것도 아닌데 아내 명의로 종신보험에 가입하는 것이 적절한지 의문이네.

또 100세 시대에 사고나 질병에 의한 사망이 아니라면 앞으로 70년은 더 살 텐데, 70년 후에도 2억이 큰돈이라고 생각하나?"

"물가인상을 고려하더라도 2억은 여전히 큰돈 아닙니까?"

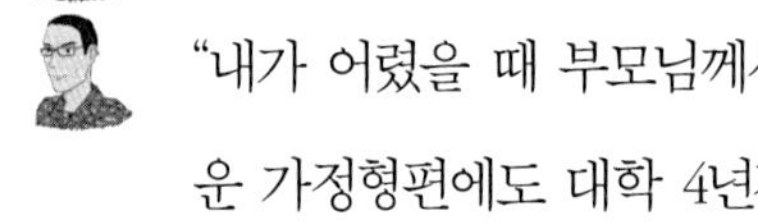

"내가 어렸을 때 부모님께서 교육보험을 들어주셨지. 당시 어려운 가정형편에도 대학 4년간의 등록금과 생활비를 모두 보장해준다고 해서 완납했네. 보장금액은 500만 원이었지.

근데 20년이 지나 내가 대학에 갈 때가 되니 한 학기 등록금이 500만 원이더군. 화폐 가치가 8분의 1로 작아진 거지. 대학등록금이 다른 물가에 비해 유난히 많이 오른 탓이기도 하지만, 자네가 생각하는 것 이상으로 화폐가치는 빨리 저하되는 건 분명하다네."

"아, 정말 실감이 나지 않습니다."

"자네 아인슈타인의 72법칙을 아나?"

"72법칙이요? 처음 들어 봅니다."

"원금이 두 배로 늘어나는데 걸리는 시간을 계산하는 방법이네. 예를 들어 1억을 복리 5% 예금에 넣는다면, 72 나누기 5를 해서 나온 수 즉 14.4년이 지나면 원금의 두 배인 2억이 되는 법칙이지.

72법칙을 물가인상률에 적용하면, 물가인상률에 따른 원금 가치가 반 토막 나는데 걸리는 기간도 계산할 수 있다네."

"그럼 물가인상률이 3%라면 72 나누기 3을 한 24년 후에는 원금의 가치가 반이 된다는 의미군요."

"그렇지."

"그럼, 50년 이상의 먼 미래에 목돈을 받는다는 생각으로 비싼 보험료를 납부하는 것은 현명하지 않은 생각이겠군요."

- 아인슈타인의 72법칙

  72÷수익률(복리)=원금을 두 배로 만드는데 필요한 투자기간

  72÷투자기간=원금을 두 배로 만드는데 필요한 수익률(복리)

  * 복리: 원금에 붙은 이자에 다시 이자를 붙이는 방식으로 장기간
          투자 시 수익률 극대화(군인공제 회원저축은 복리 저축상품임)

  단리: 원금×이자율(일반 저축, 예금 상품)

- 72법칙 적용 예

  - 원금 1억을 복리 5% 투자 시 2억이 되는데 걸리는 기간
    → 72÷5%=14.4년

  - 원금 1억을 10년 투자하여 2억이 되려면 필요한 수익률
    → 72÷10년=7.2%

  - 인구증가율 2%일 때 0.5억 인구가 1억이 되는데 걸리는 기간
    → 72÷2%=36년

  - GDP성장률 4%일 때 $2만가 $4만 되는데 걸리는 기간
    → 72÷4%=18년

  - 물가인상률이 3%일 때 원금 1억이 0.5억이 되는데 걸리는 기간
    → 72÷3%=24년

보험 가입 시 꼭 확인해야 할 7가지

1. 보험의 종류를 반드시 확인할 것
   여러 단어가 섞여 제목이 길어도 상품명 중에서 '○○연금 보험' 과 같이
   일부 글자만 보면 어떤 보험인지 알 수 있다.
2. 보험 기간과 납입 기간을 확인할 것
   만기가 보험 기간이다. 납입 기간은 돈을 내는 기간이다. 10년 납 80세
   만기라고 하면 보험료를 10년간 납입하는 보험으로 보장받는 기간은 80
   세까지라는 뜻이다.
3. 청약서에는 반드시 본인이 자필 서명할 것
   분쟁이 생길 경우, 자필 서명을 하지 않으면 계약 자체가 무효가 될 수도
   있다.
4. 수익률을 원한다면 보험에 가입하지 말 것
   보험은 위험 보장이 주 기능이다. 수익률을 원한다면 은행에 저축을 하
   거나, 증권사에서 주식과 채권 거래를 하는 것이 낫다.
5. 얼마를 받게 되는지 보다 얼마를 내야 하는지를 먼저 따질 것
   액수가 높은 보험을 무리하게 가입하면 끝까지 납입하지 못하고 중도에
   해약하기 쉽다. 자신이 부담할 수 있는 보험료 수준을 냉정히 따져 보아
   야 한다.
6. 계약서류와 회사의 안내장을 챙길 것
   회사에서 제공한 약관, 설계서, 증권은 반드시 꼼꼼히 살피고, 서류는 모
   두 보관한다.
7. 보험으로 부자가 되려하지 말 것
   보험의 목적은 위험을 대비하여 좀 더 경제적 안정과 심리적 안정감을
   얻고, 생업에 집중할 수 있도록 도와주는 것이다.

〈출처: 생활금융, 금융감독원〉

 보험을 리모델링하라

 "종신보험은 보험기간 내에 사망하면 보험금을 받는 것이니 꼭 먼 미래만을 위한 것은 아니지만, 지금 납부하고 있는 보험의 보장 내용에 대해 정확히 확인을 하고 적정성에 대해 재고해볼 필요는 있지."

 "그렇다고 이미 수년째 납입하고 있는 보험을 해지할 수는 없지 않습니까? 손실이 클 텐데."

 "보험을 리모델링하는 방법이 있네."

 "보험 리모델링이오? 좀 생소합니다."

"그래, 지금 들어 있는 보험의 보장내용 중, 과한 부분은 하향 조정하여 보험료를 낮추고, 반대로 부족한 부분은 추가로 가입하는 것이지. 특히 종신보험의 사망보험금에 대한 보험료는 전체 보험료에서 차지하는 비율이 매우 높으니, 사망보험금을 낮추면 보험료 인하효과를 크게 볼 수 있지.

여기서 절약한 보험료 일부를 별도의 사망보험(정기보험)에 가입하면 전체 보험료는 낮추면서도 사망보상금 규모는 현행과 비슷한 수준을 유지할 수 있다네."

 **"낡은 아파트를 리모델링하듯 보험도 리모델링을 하는 거군요.** 근데 제가 알기로 사망보험은 일정 연령까지만 보상이 되는 것으로 들었습니다. 보장기간 이후 발생하는 일에 대해선 어떻게

대비를 해야 합니까?"

"좋은 질문이군. 70세까지 보상하는 사망보험을 생각했을 때, 박 대위 나이가 70세면 자녀들은 이미 장성하여 독립했을 것이네. 그런데 뭐하러 자네 사망 후 받을 보험금에 연연하겠나? 상속을 위한 목적이 아니라면 굳이 늦은 나이까지 사망보험금을 생각할 필요는 없을 것 같네."

"참모님 말씀 들으니 당장 보험 리모델링해야겠습니다. 방법 좀 알려주십시오."

"우선 박 대위가 가입한 보험들의 상세 가입내역과 보장금액을 확인하고, 조정이 필요한 부분을 식별해 내야 하네. 모든 부분에 대한 검토는 어려울 테니, 보장금액이 큰 사망보험금, 중증질병(암 등)에 대한 검토를 위주로 하고 나머지 세부사항은 보험설계사의 조언을 받으면 되네. 보장금액이 적은 항목들은 전체 보험료에서 차지하는 비중이 크지 않거든."

"보험설계사는 어떻게 선택합니까?"

"글쎄, 그건 개인이 알아서 할 몫이라 생각하네. 기존에 가입했던 설계사에게 연락하든, 아님 보험회사에 상담신청을 하든. 주요사항에 대해 본인이 기준을 정했다면 어떤 설계사에게 상담을 받느냐는 크게 중요하지 않다고 생각하거든."

나도 모르는 내 보험 찾기

- 보험조회서비스: 자신의 명의(계약자, 피보험자)로 되어있는
  보험 조회 가능
  * 생명보험협회(www.klia.or.kr), 손해보험협회(www.knia.or.kr)에서
    각각 조회 가능
- 휴면계좌통합조회: 몰라서 찾지 못한 환급금, 보험금 조회 가능
  * 은행연합회(www.kfb.or.kr), 생명보험협회(www.klia.or.kr), 손해보험
    협회(www.knia.or.kr)중 한군데를 방문하여 조회(통합조회)
- 실손의료보험조회: 자신의 실손의료보험 가입내역 확인 가능
  * 실손의료비 보험금은 중복 수령 불가함으로 중복 가입여부 확인 후,
    하나의 보험에만 살려두고 나머지는 해약하여 보험료 절감.
  * 조회결과 입원·통근 의료비 가입내역이 있다면 선택적 복지수당
    단체보험의 실손의료비를 제외하여 복지수당 절약할 것.
  * 생명보험협회(www.klia.or.kr), 손해보험협회(www.knia.or.kr)에서
    각각 조회 가능
- 생명보험과 손해보험의 차이
  * 생명보험: 정액보험(암 진단비 3,000만원 보장 등), 보상하는 항목 열
    거, 약정된 금액 지급, 특정 질병에 대한 고액 보상
  * 손해보험: 실손의료비 등, 보상하지 않는 항목 열거, 실제로 부담한
    금액 한도로 보상(복수의 보험에 중복 가입해도 총보장금액은 실제
    부담한 의료비를 한도로 보상), 폭 넓은 보장 범위

〈요약〉 10장 어려울 때 도움되는 보험

★ 보험금의 현재가치를 생각하라.

★ 보험도 리모델링이 필요하다.

★ 나도 모르는 내 보험을 확인해라.

11장 무료 재무상담 100% 활용하기

◑ 재무 조력자를 능동적으로 활용해라.

"무료 재무상담이 있다는 얘기는 들어 봤나?"

"재정참모님한테 받고 있는 게 무료 재무상담 아닙니까?"

"하하하, 싱겁긴. 나야 당연히 무료고……. 인터넷에 무료 재무상담 치면 관련 상담기관을 많이 조회할 수 있네. 자네의 재정 상태와 재무설계에 대해 이런 저런 조언을 해주고 적절한 투자상품을 추천해 주지. 물론 보험 리모델링도 도와주고."

"앗, 그렇게 좋은 게 있었다니. 근데 상담하는데 시간도 많이 걸릴 텐데 왜 무료로 상담을 해 주지요?"

"좋은 질문이네. 상담기관에서는 피상담자의 재정적 조언을 해 주고 권장 금융상품을 추천해 주지. 이때 피상담자가 추천된 금융상품에 가입을 희망하면 해당 상품에 가입하는 업무를 대행해 준다네.

상담사들은 여러 금융기관에 프리랜서로 활동하고 있어 상품이 가입 되면 해당 금융기관으로부터 수수료를 받게 되는 원리지."

"아, 상담과 동시에 투자 상품에 가입도 해 주는 거군요. 피상담자 입장에서는 여러 금융기관을 전전하지 않아도 다양한 상품을 추천받을 수 있고 가입업무도 대신해주니 마다할 이유가 없네요."

"그래, 근데 여기서 유의할 점이 있네."

"뭔가요?"

"상담사도 결국 영리를 목적으로 일을 하는 거다 보니 간혹 피상담자 입장이 아니라 자신에게 유리한 상품을 권하는 경우가 있다네. 예를 들어 금융기관에서 수수료를 많이 주는 상품을 피상담자에게 적극 권하는 것과 같은……."

"그럴 수도 있겠군요."

"또 상담사라고 해서 모두가 금융에 대한 해박한 지식이 있다는 보장도 없지. 자격증만 있고 경험이 별로 없는 사람일 수도 있으니."

"그럼 어떻게 해야 제대로 된 상담을 받을 수 있는 건가요?"

 ## 상담받은 내용을 스스로 검증하라

"간단하네. 상담사의 말은 참고만 하고 내용을 스스로 검증하면 되지. 결국 **자신의 재무설계는 자신의 인생설계이니 자기 스스로 책임을 져야 한단 말**이지. 특히 금융상품 가입과 관련해서는 상담사가 추천하는 상품에 대해 맹신하지 말고, **상담 후 여러 경로를 통해 추천된 상품에 대해서 확인**해 볼 필요가 있네. 만약 자신과 맞지 않는 상품을 추천받았다면 가입하지 말아야겠지."

"그렇군요. 아까 말씀하신 피상담자 입장이 아닌 상담자 입장에서 수수료가 높은 상품을 권할 수도 있는 거니 주의해야 하겠습니다. 당장 상담받고 싶습니다. 상담사 추천 좀 해 주십시오."

"이 친구 급하긴. 우선 오늘 내가 얘기해준 내용을 잘 생각해 보고 자신의 인생계획과 재무계획을 설계해 보게. 그래야 상담을 해도 제대로 할 것 아닌가!"

"참모님, 오늘 상담 정말 감사합니다. 제 재정생활에 대해 생각할 수 있는 좋은 기회가 되었습니다. 착실히 재무설계 잘해서 부자가 되겠습니다."

"그래. 그런데 설계를 잘하는 것도 중요하지만, 설계한 재무계획을 잘 이행하는 것이 더 중요하다는 것 잊지 말게. 재정적 안정을 토대로 군인으로써 행복한 인생을 살기 바라네."

재무상담 받아본 소감(소령 홍길동)

- 긍정적 느낌
  - 내 스스로 재정상태를 점검하고 계획을 세울 수 있는 좋은 기회였다.
  - 상담 후, 나의 재정상태를 분석해서 설명을 해 주고 금융상품을 추천해 주는 것이 맘에 들었다.
  - 가족 구성원 모두의 보험에 대해 전반적으로 설명을 듣고, 과소 부분에 대해 리모델링한 것이 맘에 들었다.(보험료 유지, 보장은 내실화)

- 부정적 느낌
  - 추천한 금융상품에 대해 생각해 볼 시간을 주지 않고 가입신청서에 한꺼번에 날인을 하도록 권했고, 무료상담을 받은 입장에서 마다하기 어려워 별다른 검증절차 없이 그날 모두 가입했다.
  - 주기적으로 관리를 해준다고 약속했지만, 가끔 궁금한 사항 있으면 연락하라는 문자만 올 뿐 후속적인 관리는 없었다.
  - 변액유니버셜 보험이 중도 해지 시 엄청난 손해라는 사실에 대해 정확한 설명이 없어 가입했는데, 1년 후 해지해야 할 일이 생겨 알아보다가 원금의 1/3 밖에 환급이 안 된다는 설명에 까무러치는 줄 알았다.

- 후회되는 점
  - 추천받은 금융상품에 대해 검증하는 절차 없이 맹목적으로 상담사를 믿고 가입한 점
  - 사후 지속적인 관리에 대한 약속을 믿고, 스스로 학습하는 노력을 하지 않은 점

- 무료 재무상담을 희망하는 사람들에게 해주고 싶은 말

  - 자신의 재정상태를 진단해 볼 수 있는 좋은 기회로 추천하고 싶다.

  - 하지만, 상담사도 개인의 영리를 위해 하는 것이니 만큼 맹신은 금물이다.

  - 금융상품 가입에 대한 최종 책임은 본인이 지는 것이니 만큼, 추천받은 상품에 대해 여러 루트로 검증하는 과정을 반드시 거치기 바란다.

  - 상담만 받고 금융상품 가입은 더 확인한 후 스스로 해도 상관없다.

⟨요약⟩ 11장 무료 재무상담 100% 활용하기

★ 무료 재무상담을 능동적으로 활용하자.

★ 상담받은 내용도 다른 루트로 재확인하라.

★ 재무상담을 참고로 재무설계를 완성하라. (최종 책임은 스스로 진다.)

★ 재무설계, 이행이 더 중요하다.

<u>12장</u> 대출에 대한 생각 정리

부자는 가난한 사람을 주관하고 빚진 자는 채주의 종이 되느니라.
- 잠언 22장 7절 -

감당할 수 없으면 빚 내지 마라

"앗, 참모님. 한 가지 더 궁금한 것이 있습니다."

"뭔가?"

"사실 제가 고민이 좀 있습니다."

"??"

"고향에 계신 어머니께서 집 앞에 좋은 땅이 경매로 나왔다고 돈을 합쳐서 사자고 하십니다. 사실 전 모아 놓은 돈도 별로 없는데. 어머니께서는 몫이 좋은 자리라 사 놓으면 많이 오를 거니 대출 받아서 사자고 보채십니다.

전 대출받는 건 빚지는 것 같아 정말 하고 싶지 않지만, 처음 하

시는 어머니 부탁이고 보니 거절하기도 쉽지 않습니다."
"음, 고민이 많이 되겠군. 자네가 만약 대출 없이도 땅을 살 만큼 자금 여력이 있는 상황이라면, 어머니 부탁을 들어줄 의향은 있나?"

"글쎄요. 어머니께서 말씀하신 땅의 위치가 정확히 어딘지도 아직 가보지 않아서 모릅니다. 또 가서 본들 제가 그 땅이 얼마만큼 가치 있는 땅인지도 알 수 없고요."

"그럴 수도 있겠군. 다른 건 다 뒤로 미루고, 대출에 대해서만 이야기하지. 우리나라 가계 부채가 얼마나 되는 줄 아나?"

"글쎄요. 하지만 굉장히 많다고 들었습니다. 하우스 푸어니 뭐니 하는 것도 결국 무리해서 빚내 집 산 사람들을 뜻하는 것 아닙니까?"

"우리나라 가계부채 규모는 1,000조, 가구당 가계대출 규모는 약 5천만 원이네. 우리나라 모든 가정이 평균 5천만 원의 빚이 있는 거지"

"헉, 그렇게 많습니까?"

"대출받아 집 마련하는 것은 너무도 보편화되어 있고, 대학등록금은 학자금 대출, 자동차는 할부 구매, 요즘은 전세 보증금도 하늘 높은 줄 모르고 올라 대출 안 받고는 전셋집도 구하기 힘든 게 현실이지."

"아, 그러고 보면 군인인 저는 무척 행복하네요. 대학도 군 장학생으로 졸업했고, 결혼해서는 관사에 살아 집 걱정 안 해도 되고."

"사실, 요즘 같은 시대에 주택자금 걱정 없이 살 수 있다는 건 매우 큰 혜택이지. **대출에 대해 다시 얘기하면 독이 될 수도 있고 약이 될 수도 있지.**"

"양면이 다 있다는 말씀인가요?"

"그래. 살다 보면 내가 모아 놓은 돈 이상으로 돈이 꼭 필요할 때가 있지. 예를 들어 가족 중 누군가 병원비가 필요할 수도 있고, 또 정말 놓칠 수 없는 좋은 투자 기회가 왔는데 수중에 있는 돈으로 조금 모자랄 수도 있으니. 이럴 땐 대출을 받는 것도 필요하지. 물론 자신이 상환할 수 있는 수준에서라는 전제 하에."

"그런 건 약이 되는 대출이군요."

"그렇지. 하지만 아무리 좋은 투자 기회가 왔더라도 자신의 상환 능력을 초과해서 대출을 받는다면, 또는 사치스러운 소비활동을 위해 대출을 일삼는다면 빚의 늪에 빠지고 생활이 불안해지겠지. 특히 급한 맘에 사금융에 발을 들여놓게 되면 감당할 수 없을 만큼의 독이 되어 돌아오겠지."

"그럼, 저의 경우에는 어떻게 해야 합니까?"

"글쎄, 개인적인 사항에 대해 내가 답을 줄 수는 없지만, 어머니가 말씀하신 땅이 얼마나 가치가 있는 것인지 정확히 확인해 보는 것이 우선일 것 같네."

"밭뙈기를 팔라는 말씀이군요."

"그렇기도 하고, 어머니께서 투자 가치가 아닌 다른 이유로 땅을 사고 싶어 하실 수도 있지 않나. 사시고자 하는 이유를 먼저

정확히 알아보고, 만약 투자가치를 보신 거면 정말 그러한지, 다른 이유가 있다면 타당한 이유인지 확인을 먼저 하라는 거지."

"하긴, 집 근처 땅이라 하셨으니 투자가치 말고 다른 이유가 있을 수도 있겠군요."

"꼭 사야할 땅이 맞다면 박 대위가 감당할 수 있는 수준에서 도와드리면 되겠지. 가지고 있는 자금 범위 내에서든, 적당한 수준에서 대출을 받든."

"어찌 되었건, **제가 감당할 수 있는 범위에서만 생각을 하고 능력 밖이라면 정중히 사양하고 이유를 말씀드리면 되겠군요.**"

"그렇지."

대출은 제도권에서 하라

"대출을 받게 된다면 어디에서 받아야 합니까?"

"주택관련 대출은 아까 설명했고, 그 외의 경우라면 군인들에게 특화된 대출상품을 이용해야지."

"특화상품이요?"

"그래. 군인들에게 특화된 대출상품은 두 개가 있네.
하나는 퇴직금을 담보로 대출을 받을 수 있는 군인 생활안정자금 대출이 있고, 다른 하나는 군인공제회에 납부하는 저축액을 담보로 대출을 받는 군인공제회 회원대출이 있지."

"대출은 얼마나 받을 수 있습니까?"

"군인 생활안정자금 대출은 퇴직금의 1/2, 5천만 원 한도로 대출 가능하고, 군인공제회 생활자금 대출은 저축불입액(이자 포함)의 90%에서 대출 가능하지. 특히 군인공제회 회원대출은 이율이 3%대로 매우 낮고, 저축불입액에는 여전히 5% 가량의 예금이자가 붙고 있으니 결과적으로 대출받아 쓰고 있는 자금에 대해서도 약 2%의 예금 이자 수익이 발생하고 있는 것이지. 그러니 대출이 필요할 땐 우선적으로 활용해볼 만하다네."

"신청하는 방법은 어떻게 됩니까?"

"군인 생활안정자금 대출은 인사참모실에서 추천서를 받아 금융기관에 제출하면 되고, 군인공제회 회원대출은 군인공제회 인

터넷 홈페이지에서 간단히 신청할 수 있네. 자세한 것은 차후에 문의하면 상세히 안내해 주겠네."

"좋은 정보 감사합니다. **하여간 대출은 결국 빚이고 빚은 내 생활에 족쇄가 되는 것이 분명하니, 꼭 필요한 경우에 한해 내가 상환할 수 있는 범위에서만 제한적으로 이용하겠습니다.**"

"그래, 박 대위 아내와 충분히 의논하고 결정하면 문제없을 걸세."

Tip

군인공제회 생활자금 대출

· 대상: 군인공제회 회원
· 한도: 저축액(불입액+이자)의 90%, 5천만 원 한도
· 대출은행 별 금리현황

(기준: ' 13.11월)

구분	씨티은행		신한은행	우리은행
	' 13.6.17 이전	' 13.6.18 이후		
금리	4.62%	3.64%	3.56%	3.53%
금리 변동 주기	3개월			6개월

* 씨티은행에서 ' 13.6.17 이전에 대출받은 경우, 타행으로 전환대출시 1% 가량 금리 인하효과 있음. 대출은행을 씨티은행으로 계속 유지키 위해서는 기존 대출 상환 후, 재대출

· 대출방법: 군인공제회 인터넷 홈페이지(www.mmaa.or.kr)에서 공인인증서 통한 대출
· 연락처
　* 대출 가능금액 확인: 군인공제회(일반 1544-9090, 군 900-7227)
　* 대출관련 세부상담: 씨티은행(02-3461-5080), 신한은행(02-576-9844) 우리은행(02-2058-0175)

힘겨운 대출, 탈출 방법

"혹시, 여기 있는 사람 중에 사설 대부업체에서 대출을 받은 사람 있나?"

"……."

"차 하사는 어떤가? 이른 나이에 경제활동을 시작해서 씀씀이가 클 수도 있을 것 같은데. 아까 차를 살 때도 2천만 원이나 대출을 받았다고 하지 않았나?"

"사실, 제가 그 2천만 원을 인터넷 대부업체에서 받았습니다."

"음~ "

"월급을 모으면 금방 갚을 수 있을 것 같아서 쉽게 대출을 받았는데, 생활하다 보니 한번 커진 씀씀이가 줄지를 않아 대출이자 갚기에도 턱없이 부족합니다. 이자가 39%나 되거든요. 하지만 이제 달라질 겁니다. 오늘 상담 받은 내용을 토대로 지출을 통제해서 최대한 저축여력을 늘리면, 점차적으로 상환할 수 있을 거라 생각됩니다."

"그래. 그렇게 생각하니 다행이군. 하지만 **고금리 대출은 오래 유지할수록 손해니 좀 더 빨리 상환하는 방법을 강구해야겠네.**"

"그런 방법이 있습니까?"

"하늘이 무너져도 솟아날 구멍이 있다고 했는데, 왜 길이 없겠

나. 일단, 아까 알려준 군인생활안정 자금 대출과 군인공제회 생활자금 대출을 최대한 받아 보게."

"참모님, 제가 복무기간이 짧고 군인공제회 회원저축은 2만 원만 들어가고 있어, 대출받을 수 있는 금액이 얼마 안 됩니다."

"몇 백 만 원밖에 안 되더라도 일단 대출받아 고금리 대출 상환에 보태게. 한 푼이 아쉬운 상황이니까. 두 번째로 급여 이체를 하고 있는 은행에 가서 신용대출이 얼마까지 되는지 확인해 보게. 군인 신분이라 어느 정도 대출이 가능할 걸세. 신용대출 금리가 사설 대부업체 금리보다 훨씬 낮거든."

"대부업체에서 이미 2천만 원을 대출 받아서 힘들 것 같습니다."

"일부라도 받으라는 말이네. 그래야 비싼 이자를 경감하지. 마지막으로 국민행복기금 바꿔드림론과 한국이지론의 환승론을 알아보게. 20% 이상의 고금리로 대출받은 서민들을 대상으로 신용보증을 대신 서주고 금리가 낮은 상품으로 전환해주는 제도네."

고금리 부담을 덜어주는 대출

- 국민행복기금 바꿔드림론(http://www.badbank.or.kr)
  * 연 20% 이상 이자를 부담중인 대출을 은행권의 8 ~ 12% 대출로 전환

- 금융감독원 서민금융 119서비스(http://s1332.fss.or.kr): 한국이지론 환승론
  * 대부업 등의 고금리 대출을 제2금융기관의 10~20% 대출로 전환

"그렇게 좋은 제도가 있었습니까? 당장 신청해야겠습니다."

"그러기 전에, 먼저 다짐을 하게. 다시는 고금리 대출을 받지 않겠다고."

"맹세합니다. 그동안 높은 이자에 맘이 얼마나 무거웠는지 모릅니다. 그런데 참모님, 고금리 대출을 저금리로 전환하는 방법에 대해 자세히 설명해 주셨는데, 빚을 빨리 갚는 방법은 없습니까?"

"글쎄, 무엇보다 빚을 갚겠다는 의지가 가장 중요하지. 부채를 청산하기 위해서는 자금이 필요한데, 월급이 고정돼 있는 군인 입장에서 자신의 자산을 매각하거나 씀씀이를 줄이는 것 말고 돈을 마련할 뾰족한 수가 없으니, 굳은 의지가 필요할 수밖에."

"결국 처음부터 빚을 지지 않고 사는 게 최선이겠군요?"

빚을 줄이는 방법

1. 갚을 순서를 정한다.

   * 연체가 오래된 것, 이자가 높은 것, 만기/잔액이 얼마 남지 않은 것

2. 자산을 현금화해서 빚부터 갚는다.

3. 지출을 줄인다.

4. 새로운 소득원을 찾는다.(아내의 부업)

5. 주변에 도움을 구한다. 고금리 대출할 생각 말고 솔직히 도움을 구하라.

〈출처: 생활금융, 금융감독원〉

 "이제 순찰 돌 시간이군."

상담을 받은 세 사람은 재정참모에게 들은 내용을 곰곰이 생각하며, 그동안 막연히 불안하게 느꼈던 경제적 불안감이 해소됨을 느끼고 앞으로 재정적인 안정을 토대로 군 생활에 더욱 매진해야겠다고 다짐한다.

한편 재정참모는 두 시간 동안 상담해 준 내용을 세 사람이 얼마나 이해했을까 하는 걱정을 한다. 수년 전 군내에서 발생한 400억대 금융사기 사건을 생각하며 초급간부들이 고수익의 유혹에 빠져 낭패를 당하는 일이 재발하지 않도록 안내서를 만들어야겠다고 다짐한다.

오해하기 쉬운 신용 등급상식

1. 10만원 3개월 연체보다 30만원 한달 연체가 더 나쁘다 (x)
   → 연체기간이 장기일수록, 연체금액이 클수록, 연체횟수가 많을 수록 부정적 영향
2. 카드 이용등급은 신용등급에 영향을 주지 않는다 (x)
   → 적절한 한도사용과 연체가 없는 것이 중요
3. 모든 연체 정보는 갚는 즉시 삭제된다 (x)
   → 채무 불이행정보 등록일로 부터 90일 이내 상환하거나, 연체금액이 대출일 경우 1,000만원 이하, 카드대금/카드론은 500만원 이하일 경우만 즉시 삭제
4. 단기간 연체는 신용등급에 영향을 주지 않는다 (x)
   → 신용평가회사는 5영업일 이상이면서 10만원 이상 연체시 연체정보를 관리
5. 배우자의 신용 등급이 나의 신용도에 영향을 준다 (x)
   → 가족구성원의 신용도는 내 신용에 영향을 끼치지 않음

★ 상환 능력 범위 내에서만 대출을 해라.

★ 대출관련 부탁은 정중히 사양하라.

★ 꼭 필요한 만큼만 대출하고, 가급적 빨리 상환하라.

★ 대출은 제도권에서만 해라.

★ 고금리 대출에서 빨리 벗어나라.

부록
유형별 금융사기 예방법

〈출처: 2013 금융이야기 금(金)툰, 금융감독원〉

유형1. 납치빙자 보이스피싱

■ 형태

① 부모, 자녀의 집주소와 전화번호 등의 개인정보 수집

② 자녀의 핸드폰에 연결되지 않게 지속적으로 전화하거나 욕설 등을 하여 핸드폰을 끄도록 유도

③ 부모에게 자녀를 납치하고 있다고 협박전화

④ 사기범의 특정계좌로 자금이체를 유도

■ 대처법

① 비상시 자녀에게 연락할 수 있도록 친구나 교사 등의 연락처를 확보

② 보이스피싱 피해신고는 경찰청 112, 돈을 송금한 경우는 경찰청 112 또는 은행 콜센터로 바로 전화하여 계좌 지급정지를 요청

※ 격오지 근무, 상황실 근무 등 외부에서 연락이 안 되는 경우를 대비하여 부대 유선전화번호를 가족에게 남겨 놓을 것.

유형2. 파밍(Pharming)

- 파밍이란?

① 해커가 고객PC에 악성코드 등을 설치하여 고객이 정상적인 주소를 입력해도 위조 사이트로 이동되도록 하여 고객정보를 탈취하는 해킹방식

② 고객을 위조 사이트에 접속하도록 유도하는 피싱(Phishing)에서 진일보한 사기수법

- 유의사항

① 금융회사의 인터넷뱅킹 사이트 이용 시 PC백신프로그램 등을 이용하여 악성코드 탐지 및 제거

② 금융회사가 제공하는 인터넷뱅킹 사이트 인지강화 서비스에 가입하여 고객이 접속한 뱅킹 사이트의 정상여부 확인

③ 출처가 불분명한 파일은 다운로드 하지 않기(P2P를 통해 받는 무료영화, 음란물 파일은 악성코드에 감염돼 있을 가능성이 높음)

④ 예금인출 사고를 당한 경우 즉시 해당 금융회사에 신고하고 지급정지 요청하기

※ 유료사이트를 이용하여 영화 등을 다운 받고, 백신프로그램을 이용하여 수시로 악송코드 감염 여부를 확인/치료할 것.

유형3. 대포통장

■ 대포통장 취득 수법

① 매입: 포털사이트의 친목카페 등에 '통장을 구입하려 한다' 라는 글을 올린 후 이를 보고 연락한 자에게 접근하여 통장(카드)을 매입

② 편취: 불특정 다수에게 캐피탈 업체 등 금융회사를 사칭하여 전화(문자)를 하여 '저리 대출 대상자로 선정되었으니 필요한 서류와 현금카드를 보내면 당장 대출해 주겠다.' 라고 속여 현금카드를 편취

■ 유의사항

① 통장(카드) 양도·매매 시 민·형사상 책임부담 및 금융거래 제한

② 대출·취업 등을 미끼로 한 통장(카드)양도 요구에 일절 응대하지 말 것

③ 통장(카드)을 양도·매매한 경우 즉시 거래(지급)정지 등 조치

※ 사용하지 않는 자신의 통장을 친척·친구에게 선의로 빌려주었다가 불법행위에 악용되어 낭패를 당하는 사례가 있으니, 자신의 통장은 어떤 경우에도 타인에게 빌려주지 말 것.

- **내용**

① 병을 치료도 하고 돈도 벌 수 있다는 말로 유인

② 치료 내역을 부풀려 건강보험공단으로부터 부당 보험수가를 챙김

- **유의사항**

① 보험사기는 형법상 사기죄로 처벌(10년 이하의 징역 또는 2천만 원 이하의 벌금)을 받는 명백한 범죄행위

② 보험사기로 인한 피해는 선량한 국민들이 받게 됨.

③ 모텔형 병원, 사무장병원 등 보험사기가 의심되는 경우 신고
   * 금융감독원 보험범죄 신고센터(전화: 1332, 인터넷 insucop.fss.or.kr)

※ 병원뿐만이 아니라 돈을 받고 범죄에 동참한 환자도 함께 처벌받을 수 있으며, 무엇보다 군인으로써 명예에 큰 오점을 남기게 되니 유의할 것.

유형5. 자동차보험 사기

■ 내용

① 나이롱환자와 자동차 사고 수리비 과다 청구 등 사소한 범죄로부터 살인과 방화 등 강력범죄에 이르기까지 광범위하게 나타나는 보험범죄는 반드시 없어져야 하는 범죄행위임.

② 보험사기로 인한 보험료 추가 납입액은 연간 2.2조원!! 이로 인해 가구당 연 14만원의 보험료를 추가 부담하고 있음.

■ 보험사기 신고

① 금융감독원 국번 없이 1332

② 정부합동 보험범죄전담대책반 02-530-3751

③ 손해보험협회 080-900-1919, 생명보험협회 02-2262-6616

※ 남들도 다 그런다는 주변 사람들의 말에 현혹되어 나이롱환자가 되는 것은 교통사고를 빙자해 돈을 벌어보겠다는 치졸한 행위이며 명예롭지 못한 행위임.

- 내용

① 특정 주식이 전망이 좋다는 유언비어를 퍼트려 주가를 끌어 올리고,
결정적인 순간에 주식을 전량 매각 후 잠적

- 금융감독원 당부사항

① 금융감독원은 투자자 보호와 건전한 투자문화 조성 및 왜곡된 시장
질서를 바로잡기 위해 테마주특별조사반을 상설조직으로 운영

② 불공정거래 혐의가 있는 종목에 대해서는 끝까지 추적하여 불법행위
에 대한 엄정한 법적책임을 물을 것임.

③ 투자자들도 불공정거래 행위로 의심되는 사항이 발견될 경우 적극적
으로 제보해 주실 것을 당부

- 보험사기 신고

① 금융감독원 국번 없이 1332

② 한국거래소 증권불공정거래 신고센터(http://stockwatch.krx.co.kr)

※ 주식 직접투자는 많은 정보력과 순발력이 필요하며 원금 손실의 위험도 매우 높아 군인에
게 적합하지 않은 투자 방법임.

■ 유의사항

① 불법업체를 통한 금융거래의 위험성을 충분히 인식

- 불법업체는 부동산의 파생상품거래로 높은 레버리지를 통한 고수익을 올릴 수 있다고 광고하나,

- 업체의 유리한 조건에 따른 손절매 실시, 전산장애, 횡령 등의 사유로 인해 투자자가 수익을 거두는 것은 현실적으로 불가능함.

② 금융거래 전 반드시 제도권 금융회사 여부 확인

- 제도권 금융회사는 실명확인 절차를 거쳐 계좌를 개설해 줄 뿐,

- 계좌를 대여해 주지 않으므로 계좌 대여업체는 모두 불법업체로 간주해도 무방함

- 선물옵션 등 파생상품은 반드시 제도권 금융회사인 증권사 및 선물회사를 통해서 거래를 해야만 불의의 피해발생 시 금융감독원의 분쟁조정을 통한 보상을 받을 수 있음.

■ 불법 금융투자업체 신고

① 불법업체 여부 확인: 금융감독원 홈페이지 '제도권 금융회사 조회'

② 불법업체 제보: 1332

※ 수십·수백 배의 고수익을 준다는 말은 100% 거짓말이며, 고수익을 내기 위해서는 반드시 고위험이 수반된다는 사실을 명심할 것.

유형8. 대출사기

■ 내용

① 저리의 긴급 대출 알선 문자 발송

② 전화가 오면, 대출 수수료 명목으로 소액의 돈을 요구

③ 돈이 입금되면 연락두절

■ 유의사항

① 대출알선 광고 등 문자메시지상 발신번호로 전화하지 말 것

② 대출실행 시 이유를 불문하고 돈을 요구하는 경우 대출사기임에 유의

③ 신분증, 본인카드번호 등 개인 금융거래 정보 제공 금지

■ 구제방법

① 송금계좌(사기에 이용된 계좌)에 지급정지를 신속히 은행에 요청

② 금융감독원 불법 사금융 피해신고센터(1332)를 통해 피해금 환급 방
  법 상담

※ 대출은 금액의 크고 작음을 떠나 제도권에서만 실시해야 함. 대출 전 수수료 선입금을 요구
  하는 것은 100% 사기이니 금융감독원에 신고할 것.

유형9. 유사수신

■ 내용

① 유사수신행위란 인가·허가를 받지 않고 불특정 다수로부터 자금을
   조달하는 행위임.

② 고수익을 미끼로 투자자를 모집하고, 초기에는 배당금을 지급하여
   신뢰를 쌓고 목표한 투자자금이 모이면 잠적

■ 유의사항

① 제도권 금융회사와 유사한 이름을 사용(ㅇㅇ금융, ㅇㅇ자산관리 등)

② 커피, 전복, 블루베리 등 실물자산 투자를 권유하는 업체는 각별히 유의

③ 자신의 정체는 숨기고 투자상담회나 사업설명회만 여는 업체 유의

■ 유사수신행위 신고

① 서민금융 119의 제도권 금융기관 조회코너에서 제도권금융회사 여부
   를 확인하고 반드시 금융감독원(1332)에 상담을 받아야 함.

② 유사수신행위 제보를 받아 경찰에 수사 의뢰한 건 중, 매 분기별 우수
   제보자에 대해 유사수신 포상금(건당 30 ~ 100만원)을 지급하고 있음.

※ 운 좋게 자신에게만 좋은 투자기회가 왔다는 환상은 버리고, 성실한 재무계획 하에 군복무
   에 충실할 것.

유형10. **스마트폰 금융사기**

■ 내용

① 아는 사람 명의의 청첩장, 돌잔치 등 문자를 발송

② 안내문 열람을 위해 링크를 클릭하도록 유도

③ 링크를 클릭 시 핸드폰 소액결제로 요금이 나가거나, 악성 바이러스 유포를 통해 개인 금융정보를 해킹

■ 스마트폰 금융거래 십계명

① 금융회사가 안내하는 배포처를 확인하여 금융서비스 이용하기

② 스마트폰이나 인터넷에 금융정보를 저장하지 않기

③ 금융거래 비밀번호를 안전하게 관리하기

④ 스마트폰 분실·도난 시 스마트폰 금융서비스 사용 중지하기

⑤ 스마트폰 교체·수리 전 중요정보 삭제하기

⑥ 휴대폰 문자통보서비스(SMS), 일회용비밀번호(OTP) 이용하기

⑦ 스마트폰 사용환경을 임의로 변경하지 않기

⑧ 스마트폰 보안업데이트를 정기적으로 수행하고 바이러스 검사하기

⑨ 스마트폰 잠금기능' 을 설정하고 잠금비밀번호' 는 수시로 변경하기

⑩ 출처가 불분명하거나 보안설정 없는 무선랜(Wi-Fi)사용 시 주의하기

※ 안내문자에 사이트가 링크된 경우 클릭하지 말고, 당사자에게 문자 또는 전화를 걸어 사실관계를 확인할 것.

색인목록

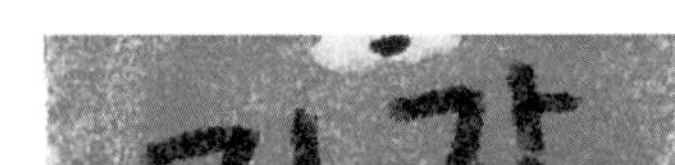